DETLEF CZYBULKA

Rechtsprobleme des Schulfinanzierungsrechts

Schriften zum Öffentlichen Recht

Band 644

Rechtsprobleme des Schulfinanzierungsrechts

unter besonderer Berücksichtigung des
interkommunalen Finanzausgleiches für Gastschüler
(Gastschülerbeiträge) und staatlicher Zuschüsse
(Lehrpersonalzuschüsse und Gastschülerzuschüsse)
nach dem Bayerischen Schulfinanzierungsgesetz

Von

Detlef Czybulka

Duncker & Humblot · Berlin

Die Deutsche Bibliothek – CIP-Einheitsaufnahme

Czybulka, Detlef:
Rechtsprobleme des Schulfinanzierungsrechts : unter
besonderer Berücksichtigung des interkommunalen
Finanzausgleiches für Gastschüler (Gastschülerbeiträge)
und staatlicher Zuschüsse (Lehrpersonalzuschüsse und
Gastschülerzuschüsse) nach dem Bayerischen
Schulfinanzierungsgesetz / von Detlef Czybulka. —
Berlin : Duncker und Humblot, 1993
 (Schriften zum öffentlichen Recht ; Bd. 644)
 ISBN 3-428-07889-6
NE: GT

ISSN 0582-0200
ISBN 3-428-07889-6

Vorwort

Die Ursachen der derzeitigen Finanzmisere der Gemeinden sind nicht nur wirtschaftlicher Natur, sondern durch das Recht mit vorgegeben. Sie sind nur durch einen differenzierten Ansatz zu erkennen. Während die umliegenden Landkreise von der Anziehungskraft größerer Städte profitieren, sind die Stadtfinanzen äußerst angespannt. Mitverursacht wird diese Finanzkrise der Städte mit zentralörtlichen Funktionen durch die Vorhaltung von Leistungen auch und gerade im Schul- und Bildungsbereich, die für Ortsfremde (Gastschüler) angeboten werden (müssen). Ähnliche Probleme zeigen sich in anderen Lebensbereichen (Nahverkehr, Kindergartenplätze). Die Städte meinen zurecht, daß sie für diese Leistungen an Nichtgemeindeangehörige einen gerechten finanziellen Ausgleich erhalten sollten. In Bayern werden die Lehrer an den kommunalen Schulen, anders als in den übrigen Bundesländern, nicht vom Staat besoldet, der sich auch sonst nur im geringen Maße an den Kosten der Gastschüler beteiligt. Die Gastschülerproblematik hat daher eine erhebliche finanzielle Dimension und wird so zu einem Brennpunkt des Finanzausgleichs und insbesondere der finanzausgleichsrelevanten Probleme zwischen Stadt, Staat und Umland.

Der Verfasser wurde von 11 bayerischen Städten im Jahre 1992 beauftragt, die angesprochenen Probleme des Schulfinanzierungsrechts in einem Rechtsgutachten zu analysieren, das im September 1992 vorgelegt wurde. Aus diesem Gutachten ist diese Ausarbeitung entstanden. Das Bayerische Schulfinanzierungsgesetz ist nach Vorlage des Gutachtens novelliert worden. Die vorliegende Untersuchung berücksichtigt in ihrem Zweiten Teil auch diese Neuregelung. Neben dem Landesrecht werden auch die verfassungsrechtlichen Grundlagen des Schulrechts, insbesondere des Schulfinanzierungsrechts analysiert; es werden aber auch Regelungen in anderen Bundesländern beleuchtet.

Detlef Czybulka

Inhaltsverzeichnis

Erster Teil
Materielle Rechtslage

Zweiter Teil
Die Änderungen des Bayerischen Schulfinanzierungs-
gesetzes vom 28.12.1992

Abkürzungsverzeichnis

AVBaySchFG	=	Verordnung zur Ausführung des Bayerischen Schulfinanzierungsgesetzes vom 19.08.1964 (BayRS 2230-7-1-1-K)
BayEUG	=	Bayerisches Gesetz über das Erziehungs- u. Unterrichtswesen in der Fassung der Bekanntmachung vom 9.2.1988 (BayRS 2230-1-1-K)
BayGO	=	Bayerische Gemeindeordnung i.d.F. der Bekannt machung vom 11.09.1989 (BayRS 2020-1-1-I)
BayLKrO	=	Bayerische Landkreisordnung vom 11.09.1989 i.d.F. vom 07.08.1992 (GVBl. S.306)
BayRS	=	Bayerische Rechtssammlung
BayVBl	=	Bayerische Verwaltungsblätter (Zeitschrift)
BayVerfGH	=	Bayerischer Verfassungsgerichtshof
BV	=	Verfassung des Freistaates Bayern vom 02.12.1946 (BayRS 100-1-S)
BVerfGE	=	Amtliche Sammlung der Entscheidungen des Bundesverfassungsgerichts
DJT	=	Deutscher Juristentag
DÖV	=	Die öffentliche Verwaltung (Zeitschrift)
Drs. BayLT	=	Drucksache Bayerischer Landtag
FAG	=	Gesetz über den Finanzausgleich zwischen Staat, Gemeinden und Gemeindeverbänden (Finanzausgleichsgesetz - FAG) i.d.F. der Bekanntmachung vom 19. Februar 1992 (BayRS 605-1-F)
GbSch	=	Gesetz über das berufliche Schulwesen (BayRS 2236-1-1-K)
HA	=	Ausschuß des BayLT für Staatshaushalt und Finanzfragen
KU	=	Ausschuß des BayLT für kulturpolitische Fragen
VoSchG	=	Volksschulgesetz (BayRS 2232-1-K)
VVDStRL	=	Veröffentlichungen der Vereinigung der Deutschen Staatsrechtslehrer
WRV	=	Weimarer Reichsverfassung
ZRP	=	Zeitschrift für Rechtspolitik

1. Teil

Materielle Rechtslage

I. Die Gutachtenfrage

Im Freistaat Bayern werden die Lehrer an kommunalen Schulen nicht vom Staat besoldet, wie dies in den anderen Bundesländern ganz überwiegend der Fall ist. Das geltende Bayerische Schulfinanzierungsrecht sieht Zahlungen des Staates und der umliegenden Landkreise und kreisfreien Städte vor, um die Kosten für die auswärtigen Schüler für die Schulstädte tragbarer zu gestalten. Die Schulstädte (das sind vor allem, aber nicht ausschließlich die kreisfreien Städte) wollen nicht mehr länger hinnehmen, daß sie jedes Jahr nach ihrer Berechnung Millionenbeträge für die auswärtigen Schüler aufbringen müssen. Nach eigenen Berechnungen haben im Jahre 1990 die Städte Augsburg 5,2 Mio. DM, Erlangen 4,1 Mio. DM, Ingolstadt 2,8 Mio. DM, Nürnberg 7,9 Mio. DM, Würzburg 10,15 Mio. DM und München 35 Mio. DM für die auswärtigen Schüler "draufzahlen" müssen. Der Grund hierfür ist nach Auffassung der Schulstädte das in Bayern derzeit geltende Schulfinanzierungsrecht. Insbesondere die im Schulfinanzierungsgesetz bzw. in der AVSchFG festgesetzten jährlichen Pauschalen in Höhe von DM 750,00 pro Gastschüler, die die Städte von den Heimatgemeinden erhalten, seien viel zu niedrig. Die tatsächlichen Kosten lägen weit darüber. Im übrigen ersparten sich die Heimatgemeinden den Aufwand für Schulbau und Schulunterhaltung. Es sei deshalb nur recht und billig, wenn diese den Schulstädten einen fairen finanziellen Ausgleich zahlten. Außerdem ist nach Auffassung der Schulstädte auch die staatliche Beteiligung an der Finanzierung der kommunalen Schulen und insbesondere auch bezüglich der Gastschüler zu niedrig. Da für die Zukunft wieder stark ansteigende Schülerzahlen prognostiziert werden, wird sich nach Auffassung der Schulstädte das Problem weiter verschärfen. Parallel zu den Bemühungen der Schulstädte, auf politischem Wege eine Änderung des Bayerischen Schulfinanzierungsgesetzes und seiner Ausführungsbestimmungen zu erreichen, haben die bayerischen Städte Aschaffenburg, Augsburg, Erlangen, Fürth, Ingolstadt, München, Nürnberg, Regensburg, Rosenheim, Schweinfurt, Weiden i.d. Oberpfalz und Würzburg (diese jeweils vertreten durch ihre Oberbürgermeister) dem Verfasser den Auftrag gegeben, ein Rechtsgutachten zum Bayerischen Schulfinanzierungsrecht zu erstellen, welches die aufgezeig-

ten finanziellen Nachteile der Schulstädte analysieren sollte. Die Gutachten-
frage war nicht beschränkt auf eine rechtliche Bewertung der seinerzeit festgesetzten Pauschalen, sondern umfaßte den Auftrag, das Bayerische Schulfinanzierungsrecht im Lichte der einschlägigen verfassungsrechtlichen und einfachgesetzlichen Regelungen (einschließlich des Finanzausgleichs) zu untersuchen und gegebenenfalls auch prozessuale Empfehlungen für ein Muster-
verfahren zu machen. Der Schwerpunkt sollte in der Analyse der materiellen
Rechtslage liegen (Erster Teil). Das Gutachten wurde am 14.09.1992 vorgelegt.

Der Bayerische Kommunale Prüfungsverband hatte zeitlich parallel zu
dieser Untersuchung einen Auftrag des Bayerischen Staatsministeriums für
Unterricht, Kultus, Wissenschaft und Kunst, ein Gutachten zur Frage einer
Anhebung der seinerzeitigen Gastschülerbeitragspauschalen zu erstellen. Die
Ergebnisse dieses Gutachtens[1] waren bei Vorlage des Rechtsgutachtens noch
nicht bekannt, sind aber jetzt unter VI.1. eingearbeitet worden.

Der Bayerische Gesetzgeber hat ferner Ende 1992 die Pauschalen für
Gastschülerbeiträge angehoben und auch sonst einige Änderungen der in dem
Gutachten untersuchten gesetzlichen Regelungen vorgenommen. Hierzu wird
im Zweiten Teil eine kurze Stellungnahme abgegeben. Die neuen gesetzlichen
Vorschriften sind zusammen mit den früher geltenden Regelungen im Anhang
abgedruckt.

---

1 Bayerischer Kommunaler Prüfungsverband, Gutachten zur Berechnung der Gastschülerbeiträge für Volksschulen, Realschulen, Gymnasien und Wirtschaftsschulen, hektographiertes
   Manuskript, München 21.08.1992 nebst Anlagen 1 bis 12 und einem Anhang, auf 115 Blatt

II. Verfassungsrechtliche Grundlagen des Schulrechts, insbesondere des Schulfinanzierungsrechts

1. Das Grundgesetz

a) Die verfassungsrechtlichen Festlegungen des Schulwesens auf *Bundesebene* ergeben sich aus Artikel 7 Grundgesetz; diese Bestimmung greift den sogenannten Weimarer Schulkompromiß (Art. 143 bis 149 WRV) auf, verkürzt ihn allerdings auf die Themen staatliche Schulaufsicht, Privatschulwesen und Teilnahme am Religionsunterricht. Ein unmittelbarer Rückzug auf die Weimarer Reichsverfassung kommt im Rahmen des Schulverfassungsrechts nicht mehr in Frage, allenfalls als Auslegungsbehelf.[2] In ähnlicher Weise hat der Bayerische Verfassungsgerichtshof schon im Jahre 1951 in Bezug auf die Bayerische Verfassung die Auffassung vertreten, es gehe nicht an, frühere Lehrmeinungen über die einschlägigen Bestimmungen der Weimarer Verfassung ohne weiteres auf die Bayerische Verfassung zu übertragen.[3]

Art. 7 Abs. 1 GG ("Das gesamte Schulwesen steht unter der Aufsicht des Staates") bleibt als leitender Grundsatz der Schulverfassung stets zu beachten. Er richtet sich historisch gesehen vor allem gegen die frühere geistliche Schulaufsicht.[4] Ebenfalls an historische Entwicklungen wird angeknüpft, wenn im Schrifttum und in der Rechtsprechung die Auffassung vertreten wird, anders als im modernen Verwaltungsrecht sei in Art. 7 Abs. 1 GG der ältere Aufsichtsbegriff fortgeführt, der eine umfassende Organisations-, Bestimmungs- und Leitungsbefugnis des Staates bedeute.[5] Selbst wenn man einen solch umfassenden Aufsichtsbegriff vertritt, besagt dieser noch nichts darüber, ob die Ausübung dieser Entscheidungsbefugnis (die konkrete Regelung z.B. im Schulfinanzierungsrecht) inhaltlich rechtmäßig ist und ob sie durch Gesetz, Verordnung oder Verwaltungsvorschrift zu treffen ist.[6] Für die Schulfinanzierung bedeutet dies, daß die erforderliche Rechtsform und die Rechtmäßigkeit einer getroffenen Regelung im Schulfinanzierungsrecht zunächst unabhängig vom Gedanken der Schulaufsicht untersucht werden kann.

---

2 Vgl. *Maunz-Dürig-Herzog*, Grundgesetz, RandNr. 4 d zu Art. 7 GG

3 Entscheidung des Bayerischen Verfassungsgerichtshofs vom 21.12.1951, BayVerfGHE n.F. 4, 251, 253 (Leitsatz 7)

4 *Badura*, Staatsrecht, C 70; vgl. *Kloepfer*, DÖV 1971, 837, 841

5 *Badura*, Staatsrecht, C 70; vgl. BVerfGE 18, 38, 40 f. unter Hinweis auf BVerfGE 6, 101, 104

6 *Badura*, Staatsrecht, C 70, S. 128

b) Für die kommunalen Schulen ist **Art. 28 Abs. 2 S. 1 GG** von hoher Bedeutung. Die verfassungsrechtliche Garantie der kommunalen Selbstverwaltung gewährleistet den Gemeinden jedenfalls einen unantastbaren Kernbereich der Aufgabenwahrnehmung,[7] zu dem das kommunale Schulwesen zählen könnte.[8] Selbst wenn man dies ohne jegliche Einschränkung bejahen würde, kommt man über diese Vorschrift trotz ihres unbestritten hohen Ranges wohl kaum zu einer konkreten Aussage über das *Ausmaß* und die *Art und Weise* einer erforderlichen - oder besser - *aufgabengerechten Finanzausstattung*, weil hier dem Landesgesetzgeber letztlich ein Gestaltungsspielraum dafür offen steht, wie er die Finanzausstattung sichert. "Grenzen können nur sehr vage formuliert werden, da neben den Interessen der Selbstverwaltungskörperschaft auch die konjunktur-, wirtschafts- und finanzpolitischen Mandate des Landes zu berücksichtigen sind".[9] Die untere Grenze der Finanzausstattung kann jedenfalls nicht erst bei den Pflichtaufgaben liegen, da dann jeglicher Spielraum der Gemeinde, über das für die örtliche Gemeinschaft Notwendige selbst zu bestimmen, ausgeschaltet wäre.[10] Insoweit nimmt das kommunale Schulwesen Anteil am verfassungsrechtlichen Schicksal der "angemessenen Finanzausstattung" (unten e)).

Klar ist allerdings, daß bereits nach gegenwärtiger Rechtslage die *Finanzhoheit* der Gemeinden zum sachlichen Inhalt der Selbstverwaltungsgarantie nach Art. 28 Abs. 2 GG gehört.[11] Mit der Finanzhoheit der Gemeinden, wozu auch die eigenverantwortliche Einnahmen- und Ausgabenwirtschaft gehört, sind bestehende finanzielle Unterdeckungen aber schon vom Ansatz her nicht zu erfassen: Die den Kommunen vom Grundgesetz selbst oder vom Grundgesetz in Verbindung mit einem Bundesgesetz zugewiesenen Steuereinnahmen können vom System der Finanzverfassung her immer nur einen (geringen) Teil der Finanzausstattung der Gemeinden decken.[12] Auch die individuellen Gestaltungsmöglichkeiten der Gemeinden bei den Realsteuern, der Gewerbesteuer und den Grundsteuern können nicht beliebig angehoben wer-

---

7   Vgl. schon BVerfGE, 1, 167, st. Rspr.

8   Vgl. BVerfGE 26, 228, 237 ff (240) für die Volksschulen; BayVerfGH BayVBl. 1984, 109, 110

9   *Grawert*, VVDStRL 36 (1978), S. 277, 300; vgl. auch *Blümel*, VVDStRL 36 (1978, 171, 201).

10 *Grawert*, VVDStRL 36 (1978), S. 277, 300

11 Vgl. BVerfGE 71, 25, 36; *Sannwald*, Die Reform der Finanzverfassung, ZRP 1993, 103, 105 mwN.

12 *Dieter Frey*, Die Finanzverfassung des Grundgesetzes, in: Bundesministerium der Finanzen (Hrsg.), Die Finanzbeziehungen zwischen Bund, Ländern und Gemeinden aus finanzverfassungsrechtlicher und finanzwirtschaftlicher Sicht, Bonn 1982, S. 14 ff., 71.

den, um andere Unterdeckungen auszugleichen. Ende der 80er Jahre erbrachte die Gewerbesteuer in Bayern insgesamt fast 42 % der gemeindlichen Steuereinnahmen, in den kreisfreien Städten war ihr Anteil sogar auf 51,2 % gestiegen.[13]

c) Das Grundgesetz wäre in die Überlegungen einzubeziehen, soweit es - und soweit insbesondere die Rechtsprechung des Bundesverfassungsgerichts zu den **Privatschulen (Art. 7 Abs. 4 GG)** - Vergleiche zu den kommunalen Schulen zuläßt. Dem Urteil des Ersten Senats des Bundesverfassungsgericht vom 08.04.1987[14] lag bekanntlich die Überprüfung des Privatschulgesetzes der Freien und Hansestadt Hamburg vom 12.12.1977 zugrunde, welches in einzelnen Bestimmungen Finanzhilfe nur für schulpflichtige oder als schulpflichtig geltende Schüler gewährte und völlig unterschiedliche Förderungssätze für Bekenntnis- und Weltanschauungsschulen einerseits, für Privatersatzschulen andererseits vorsah. Diese Bestimmungen sind wegen Verstoßes gegen Art. 7 Abs. 4 in Verbindung mit Art. 3 Abs. 1 GG für nichtig oder mit dem Grundgesetz nach Maßgabe der Urteilsgründe unvereinbar erklärt worden. Vergleiche zur Finanzierung kommunaler Schulen sind nur mit großer Vorsicht zu ziehen, nicht nur deshalb, weil eine entsprechende Verfassungsbestimmung im Grundgesetz für die kommunalen öffentlichen Schulen fehlt.[15] Andererseits deuten doch einige Formulierungen des Urteils auch auf eine (im übrigen wohl selbstverständliche) Förderungspflicht der ausschließlich zuständigen Länder für das öffentliche, nichtstaatliche Schulwesen hin. Das private Ersatzschulwesen sei "*neben* dem öffentlichen Schulwesen zu fördern und in seinem Bestand zu schützen".[16] Ausdrücklich gebilligt wurde im Urteil, daß sich der Gesetzgeber bei der Erfüllung seiner Finanzierungspflicht für die Ersatzschulen an den Kosten des öffentlichen Schulwesens orientieren könne. Die Ersatzschulen könnten nicht beanspruchen, eine bessere Ausstattung als vergleichbare öffentliche Schulen zu erhalten.[17] Zu den angemessenen Eigenleistungen der Privatschulen gehören nach der Rechtsprechung des Bundesverwaltungsgerichts, der das Bundesverfassungsgericht in seiner Entscheidung folgt, auch die Anfangsfinanzierung und die Investitionskosten.[18] Fraglich ist, ob aus diesen Formulierungen ein Umkehrschluß dahingehend

---

13 Vgl. *Bayerischer Städtetag* (Hrsg.), Stadtfinanzen der 90er Jahre, Diskussionspapier für die 28. Vollversammlung des Bayerischen Städtetags am 22./23.06.1989 in Augsburg, S. 8.

14 BVerfGE 75, 40

15 Diese hätte auch im Grundrechtsteil des GG nichts zu suchen.

16 BVerfGE 75, 40, 62

17 BVerfGE 75, 40, 68

18 BVerwGE 27, 360, 365; 70, 290, 295; vgl. BVerfGE 75, 40, 68

gezogen werden kann, daß die Anfangsfinanzierung und die Investitionskosten kommunaler Schulen - wenigstens teilweise - von den Ländern zu übernehmen wären. Zweitens könnte man aus dem Urteil herleiten, daß das kommunale Schulwesen *finanziell* nicht schlechter dastehen darf als das durch Art. 7 Abs. 4 GG geschützte Garantieobjekt Privatschulwesen, das insgesamt nicht "notleidend" werden darf.[19] *Verfassungsdogmatisch* gesehen ist eine solche Konstruktion nicht sauber, da die kommunalen Schulen nicht durch Art. 7 GG, sondern durch die Landesverfassungen[20] geschützt werden. *Wirtschaftlich* gesehen kann aber sehr wohl argumentiert werden, daß die kommunalen Schulen nicht notleidender sein dürfen als das Privatschulwesen, bei dem die Erbringung einer angemessenen Eigenleistung und ein allgemeines unternehmerisches Risiko insbesondere im Wettbewerb mit vergleichbar ausgestatteten öffentlichen Schulen vorausgesetzt wird.[21] Freilich ist die Grenze des "Notleidens", oder der aus wirtschaftlichen Gründen erzwungenen Betriebseinstellung[22] nicht allzu präzise und auf kommunale Schulen, die nur begrenzt "Einzelschicksale" haben wie in der Regel Privatschulen, nur bedingt übertragbar.[23] Außerdem bleibt es hierbei dem Gesetzgeber überlassen, welche einzelnen Maßnahmen er unter Berücksichtigung der jeweiligen Haushaltsgegebenheiten ergreift, um die kommunalen Schulen nicht in die Nähe dieser Grenze gelangen zu lassen. Immerhin unterstützt dieser Gedanke die Forderung nach einer angemessenen Finanzausstattung, wie dies im Zusammenhang mit Art. 28 Abs. 2 Satz 1 GG erörtert wird.

d) Aus dem **Sozialstaatsgebot** des GG (Art. 20) folgt die Aufgabe des Staates, die Schuleinrichtungen bereitzustellen und zu fördern. Es besteht insoweit ein Verfassungsauftrag, "ein leistungsfähiges und sozial gerechtes Bildungswesen vorzuhalten".[24]

e) Die Finanzhoheit sichert den Gemeinden nicht etwa schon eine **angemessene Finanzausstattung** (oben b)). Die Finanzlücken werden naturgemäß

---

19 *Schuppert*, in *Pieroth/Schuppert* (Hrsg.), Die staatliche Privatschulfinanzierung vor dem Bundesverfassungsgericht, 1988, S. 145; die dort als Beleg angegebene Entscheidung des BayVerfGH muß richtig zitiert werden als E.v.07.11.1984 = NVwZ 1985, 481, 482 f (= BayVBl 1985, 429).

20 Vgl. Art. 133 ff. BV

21 BVerfGE 75, 40, 68

22 So BayVerfGH, NVwZ 1985, 481, 482 r. Sp. (= BayVBl 1985, 429)

23 Allerdings kommt es auch bei den Privatschulen nicht entscheidend auf die Not der einzelnen privaten Ersatzschule an, sondern die staatliche Pflicht zur materiellen Förderung der Privatschulen bezieht sich auf die Erhaltung der Institution, BVerwGE 70, 290, 292 = DÖV 1985, 486

24 *Heckel/Avenarius*, Schulrechtskunde, 6. Auflage 1986, Seite 21 f.

dann größer, wenn die Gemeinden Aufgaben wahrnehmen, von denen Dritte, also Nichtgemeindeangehörige profitieren. Auch für die Wahrnehmung dieser Aufgaben wird Geld benötigt. Ob eine insgesamt zureichende Finanzausstattung, das heißt eine angemessene Finanzausstattung der Gemeinden für ihre eigenen und die übertragenen Aufgaben durch Art. 28 Abs. 2 GG mitgarantiert wird, hat das Bundesverfassungsgericht *ausdrücklich* bisher nicht entschieden und hat dies auch in seiner Entscheidung vom 07.02.1991 über die Krankenhausfinanzierungsumlage in Rheinland-Pfalz ausdrücklich offen gelassen.[25] Diese "Zurückhaltung" des BVerfG hat zunächst den einfachen Grund darin, daß wegen Art. 93 Abs. 1 Ziff. 4 b GG Verfassungsbeschwerden bezüglich Art. 28 GG sehr selten zum Bundesverfassungsgericht kommen, da in aller Regel das Landesverfassungsgericht entscheidet. Zudem sind nach herrschender Auffassung die Gemeinden Teile der Länder, und deshalb trifft es zu, daß in erster Linie die Länder (und nicht der Bund) Adressaten des Art. 28 Abs. 2 GG insbesondere im Bezug auf die angemessene Finanzausstattung der Kommunen sind.[26] Eine Garantie der angemessenen Finanzausstattung der Gemeinden müßte daher in den **Landesverfassungen** abgesichert sein. Dies ist in den meisten Bundesländern auch der Fall. In *Baden-Württemberg* bestimmt Art. 73 Abs. 1 der Landesverfassung: "Das Land sorgt dafür, daß Gemeinden und Gemeindeverbände ihre Aufgaben erfüllen können." Eine entsprechend umfassende Garantie fehlt in *Bayern*. Es heißt in Art. 83 Abs. 3 BV lediglich: "Bei Übertragung staatlicher Aufgaben an die Gemeinden sind gleichzeitig die notwendigen Mittel zu erschließen". Außerdem heißt es sehr allgemein in Art. 83 Abs. 4 Satz 4 BV: "Der Staat schützt die Gemeinden bei Durchführung ihrer Aufgaben." In der Landesverfassung *Brandenburg* heißt es in Art. 98 Satz 2: "Das Land sorgt durch einen Finanzausgleich dafür, daß die Gemeinden und Gemeindeverbände ihre Aufgaben erfüllen können. Im Rahmen des Finanzausgleichs sind die Gemeinden und Gemeindeverbände an den Steuereinnahmen des Landes angemessen zu beteiligen." In *Hessen* heißt es in Art. 137 Abs. 5 der Landesverfassung: "Der Staat hat den Gemeinden und Gemeindeverbänden die zur Durchführung ihrer eigenen und der übertragenen Aufgaben erforderlichen Geldmittel im Wege des Lasten- und des Finanzausgleichs zu sichern. Er stellt ihnen für ihre freiwillige öffentliche Tätigkeit in eigener Verantwortung zu verwaltende Einnahmenquellen zur Verfügung." Die Regelung in *Niedersachsen* lautet im Art. 45: "Das Land ist verpflichtet, den Gebietskörperschaften die zur Erfüllung ihrer Aufgaben erforderlichen Mittel durch Erschließung eigener Steuerquellen und im Rahmen seiner finanziellen Leistungsfähigkeit durch überge-

---

25 BVerfGE 83, 363, 386 unter Hinweis auf BVerfGE 71, 25, 36 f.

26 Vgl. BVerfGE 26, 172, 181; BVerfGE 39, 96, 107 ff., BVerfGE 41, 291, 313

meindlichen Finanzausgleich zur Verfügung zu stellen." Ähnlich lautet die Formulierung in *Nordrhein-Westfalen* in Art. 79 der Landesverfassung: "Die Gemeinden haben zur Erfüllung ihrer Aufgaben das Recht auf Erschließung eigener Steuerquellen. Das Land ist verpflichtet, diesem Anspruch bei der Gesetzgebung Rechnung zu tragen und im Rahmen seiner finanziellen Leistungsfähigkeit einen übergemeindlichen Finanzausgleich zu gewährleisten." Die entsprechende Regelung in *Rheinland-Pfalz* in Art. 49 Abs. 5 der Landesverfassung lautet: "Der Staat hat den Gemeinden und Gemeindeverbänden die zur Durchführung ihrer eigenen und übertragenen Aufgaben erforderlichen Mittel im Wege des Lasten- und Finanzausgleichs zu sichern. Er stellt ihnen für ihre freiwillige öffentliche Tätigkeit in eigener Verantwortung zu verwaltende Einnahmequellen zur Verfügung." Die Landesverfassung Rheinland-Pfalz gewährleistet den Gemeinden und Gemeindeverbänden somit "zur Durchführung ihrer eigenen und der übertragenen Aufgaben eine angemessene Finanzausstattung zur eigenverantwortlichen Verfügung".[27] Freilich ist damit keine trennscharfe Finanzierung von Selbstverwaltungsangelegenheiten und Auftragsverwaltung gemeint.[28] Während also in Rheinland-Pfalz auf die Erforderlichkeit der Mittel abgestellt wird, garantiert die Verfassung des *Saarlandes* in Art. 119 Abs. 2: "Das Land gewährleistet den Gemeinden und Gemeindenverbänden durch seine Gesetzgebung eine Finanzausstattung, die ihnen eine angemessene Aufgabenerfüllung ermöglicht. Diesem Zweck dient auch der kommunale Finanzausgleich." Art. 87 der Verfassung des Freistaates *Sachsen* lautet: "(1) Der Freistaat sorgt dafür, daß die kommunalen Träger der Selbstverwaltung ihre Aufgaben erfüllen können. (2) Die Gemeinden und Landkreise haben das Recht, eigene Steuern und andere Abgaben nach Maßgabe der Gesetze zu erheben. (3) Die Gemeinden und Landkreise werden unter Berücksichtigung der Aufgaben des Freistaates im Rahmen übergemeindlichen Ausgleichs an dessen Steuereinnahmen beteiligt. (4) Das nähere bestimmt ein Gesetz."

Das *Gesamtbild* der Landesverfassungen deutet also eher auf eine Absicherung der Finanzausstattung der Kommunen auch bei der Erfüllung eigener Aufgaben. Allerdings fehlt eine entsprechend explizite Regelung in Bayern. Es ist daher zweckmäßig, im "Verteilungskampf"[29] gerade auch auf die Regelungen des einfachen Landesgesetzgebers abzustellen und hierbei zu analysieren, inwiefern das Schulfinanzierungsrecht als Teilbereich des Finanzausgleiches aufgefaßt werden kann (vgl. unten III.). Diese Untersuchung wird

---

27 VerfGH Rheinland-Pfalz, Urteil vom 05.12.1977, DÖV 1978, 763

28 Vgl. VerfGH Rheinland-Pfalz, DÖV 1978, 763, 765

29 Vgl. *D. Czybulka*, Die Legitimation der öffentlichen Verwaltung, S. 227 f.

zwar anhand des Bayerischen Landesrechts durchgeführt, sie hat aber ähnliche Relevanz für die anderen Bundesländer.

f) Wenn die Kompetenz für die Schulfinanzierung im Grundgesetz unmittelbar nicht angesprochen ist, und somit die Art. 30 und 70 GG gelten, ergibt sich eine **Länderkompetenz** unter anderem für die Schulstruktur öffentlicher Schulen und vor allem für die Art und Weise der hier zu untersuchenden **Schulfinanzierung**. Parallelvorschriften zu Art. 75 Ziff. 1 a und Art. 91 a Abs. 1 Ziff. 1 GG (betreffend das Hochschulwesen) fehlen für die Schulen im Grundgesetz, so daß für das zu begutachtende Problem zunächst vor allem auf *Landesrecht* abzustellen sein wird. Die bundesverfassungsrechtliche Verankerung für die Finanzierungskompetenz stellt Art. 106 Abs. 7 GG dar, der das Prinzip des Finanzausgleichs anspricht.

2. Die Bayerische Verfassung

a) In *Bayern* beziehen sich mehrere Vorschriften der Bayerischen Verfassung auf das Schulwesen. Die zentrale Vorschrift des Art. 133 der BV lautet:

"1. Für die Bildung der Jugend ist durch öffentliche Anstalten zu sorgen. Bei ihrer Einrichtung wirken Staat und Gemeinden zusammen. Auch die anerkannten Religionsgemeinschaften und weltanschaulichen Gemeinschaften sind Bildungsträger.

2. Die Lehrer an öffentlichen Schulen haben grundsätzlich die Rechte und Pflichten der Staatsbeamten."

Die Berechtigung der Gemeinden, Schulen (mit) zu errichten, ergibt sich somit unmittelbar aus der Verfassung. Zwar wertet *Meder* Art. 133 Satz 1 BV "nur" als einen objektiven Rechtssatz;[30] er folgert die Rechte der Gemeinden auf Errichtung und Betreibung von öffentlichen Schulen dann aus Art. 11 Abs. 2 Satz 2 und Art. 83 Abs. 1 (Volks- und Berufsschulwesen und Erwachsenenbildung) BV. Tatsächlich sind die Vorschriften der Bayerischen Verfassung über das Schulwesen in einer Zusammenschau zu würdigen. Im übrigen ist heutzutage unumstritten, daß das Recht der Gemeinden, umfassend Schulträger sein zu können, bereits durch Art. 28 Abs. 2 S. 1 GG geschützt ist.[31] Maßgebend ist hierbei der schon frühzeitig von *Kloepfer* angesprochene "partnerschaftliche Gedanke", wobei dahinstehen kann, ob "Staat"

---

30 *Theodor Meder*, Die Verfassung des Freistaates Bayern, 4. Auflage 1992, RandNr. 1 zu Art. 133 BV

31 *Oppermann*, Verhandlungen des 51.DJT, Gutachten C Band I, S. 48, 70 f.; *E. Vesper*, Der kommunale Schulträger, 1981, passim.

in Art. 7 Abs. 1 GG nicht ohnehin als Inbegriff weltlicher hoheitlicher Macht (unter Einschluß der Gemeinden) interpretiert werden kann;[32] jedenfalls muß bereits aufgrund Art. 28 Abs. 2 GG ein (wenn auch in Grenzen variabler) Kernbestand kommunaler Einflußnahme im Bildungswesen erhalten bleiben, "was auch eine entsprechende finanzielle Sicherung voraussetzt".[33] Hieraus läßt sich aber kein bestimmtes Finanzierungs*modell* und auch keine bestimmte Finanzierungs*höhe* für kommunale Schulen ableiten.

Bei der Interpretation der Bayerischen Verfassung (Art. 133 BV) ergeben sich vor allem zwei Schwierigkeiten in Bezug auf die zu untersuchenden Schulfinanzierungsregelungen, nämlich zum einen die Interpretation des Ausdruckes "Einrichtung" in Art. 133 Abs. 1 Satz 2 BV, und zum zweiten das dort angesprochene Gebot des Zusammenwirkens zwischen "Staat und Gemeinde". Mit ähnlicher Formulierung erwähnt Art. 130 BV (staatliche Schulaufsicht) eine Beteiligung der Gemeinden.

aa) Eine frühe Entscheidung des Bayerischen Verfassungsgerichtshofs aus dem Jahre 1951[34] wird von der herrschenden Meinung als authentische Interpretation des Art. 133 Abs. 1 Satz 2 BV ("Bei ihrer Einrichtung wirken Staat und Gemeinde zusammen") gewertet. Leitsatz 4 der Entscheidung heißt wörtlich:

"Zur "Einrichtung" der öffentlichen Anstalten für die Bildung der Jugend im Sinne des Art. 133 BV gehört der rechtliche Akt der Errichtung, die Bereitstellung von Schulräumen und der Sachbedarfsgegenstände, die Abstellung der Lehrer, die rechtliche Bestimmung der Schulsprengel und die innere Gestaltung des Unterrichts. Weil diese Tatbestände teils vom Staat, teils von der Gemeinde zu verwirklichen sind, wurde der gemeinsame Satz aufgestellt: Bei der Einrichtung wirken Staat und Gemeinde zusammen. Aus Art. 133 BV kann deshalb jedenfalls nicht gefolgert werden, daß der rechtliche Akt der Errichtung nicht mehr wie bisher dem Staat zustünde."

Die zumeist kommentarlose Übernahme dieser Ausführungen des Verfassungsgerichtshofs durch die Literatur[35] und die Rechtsprechung[36] hat zu einer sehr verengten Interpretation der Verfassungsbestimmung geführt. Auf diese Entscheidung werden implizit oder explizit das bei der Novellierung des

---

32 *Kloepfer*, DÖV 1971, 837, 840, 841

33 *Kloepfer*, DÖV 1971, 837, 842

34 Entscheidung vom 21.12.1951, VerfGHE n.F. 4, 251

35 Vgl. nur *Meder*, BV, 4. Auflage 1992, RandNr. 9 zu Art. 133 BV

36 VerfGH 27, 47, 56 = BayVBl 1974, 338, 340; BayVGH BayVBl 1985, 146, 147 mit weiteren Nachweisen

BaySchFG zurückgenommene staatliche Engagement bei den Gastschülerzuschüssen (hierzu unten IV. 3) und auch die (angebliche) Wesensverschiedenheit zwischen Sprengelschulen und Nicht-Sprengelschulen gestützt,[37] die zu einer unterschiedlichen Behandlung dieser Schultypen bei ihrer jeweiligen Finanzierung zwinge (vgl. dazu unten dd)). Vorab ist anzumerken, daß die Entscheidung lange vor der "Verrechtlichungswelle" im Schulrecht[38] erging und deshalb nur mit Vorsicht herangezogen werden darf.

Bei der Analyse der Entscheidung ist zunächst darauf hinzuweisen, daß es hierbei an zentraler Stelle um den Problembereich "Bekenntnisschule und Gemeinschaftsschule" ging, wenngleich die Antragsteller (62 Mitglieder der Landtagsfraktionen der SPD bzw. FDP) damals auch § 1 Absätze 2 und 4 SchOG angriffen, wonach die Volksschulen vom Staat im Benehmen mit den beteiligten Gemeinden errichtet werden sollen und den Gemeinden nur die vermögensrechtliche Verwaltung und Vertretung obliege. In diesem Zusammenhang setzte sich der Verfassungsgerichtshof insbesondere mit der sehr weitgehenden Interpretation der Antragsteller auseinander, das Volks- und Berufsschulwesen falle in den eigenen Wirkungskreis der Gemeinden, und den Gemeinden stehe das Recht der Errichtung und Erhaltung von Volksschulen deshalb *allein* zu; zur Einrichtung gehöre auch der Schulunterricht, die Verfassung sehe ein Mitspracherecht der Gemeinden vor.[39] Die Kritik des Verfassungsgerichtshofs an dieser Auffassung ist zugleich zur näheren Inhaltsbestimmung des Art. 11 Abs. 2 BV und Art. 83 BV geworden, gewonnen aus einer historischen Analyse, welche zum "vorrechtlichen Gesamtbild" und zugleich zum Willen des Verfassungsgebers erhoben wird.[40] Der recht schöpferischen Interpretation des Verfassungsgerichtshofs kam entgegen, daß es bei der Behandlung des Art. 83 BV in den Beratungen keinerlei Erörterung über einzelne der darin als eigener Wirkungskreis der Gemeinden aufgezählten Aufgaben gegeben hat, auch nicht über das Volks- und Berufsschulwesen.[41] Nach diesen tragenden Erwägungen zur 1. Meinungsverschiedenheit, die 9 Seiten umfassen, folgt - mehr oder weniger unvermittelt - der oben wiedergegebene Leitsatz 4, der die Definition der "Einrichtung" bringt. Unmittelbar zuvor heißt es in der Entscheidung: "Wenn hier statt des Wortes Errichtung das Wort Einrichtung gebraucht wird, so will letzteres einen *weite-*

---

37 So ausdrücklich BayVGH, BayVBl 1985, 146, 147

38 Vgl. hierzu *Heckel/Avenarius*, Schulrechtskunde, S. 12 ff.

39 VerfGH n.F. 4, 251, 255

40 Vgl. VerfGH n.F. 4, 251 f (Leitsatz 1 und 268 ff)

41 VerfGH n.F. 4, 251, 276

ren Tatbestand ausdrücken".[42] Der Leitsatz kann deshalb nur in diesem Sinne verstanden werden, daß hier mehr oder weniger beispielhaft der (weitere) Begriff Einrichtung erläutert wird. Weder stellt der Leitsatz eine Definition der Einrichtung im Sinne des Art. 133 Abs. 1 S. 2 BV im strengen Sinne dar noch kann er als Begründung für ein rückläufiges finanzielles Engagement des Staates herangezogen werden. In der gleichen Entscheidung wird nämlich die historische Entwicklung nachgezeichnet, wobei insbesondere festgehalten wird, daß seit Einführung der Demokratie die gesamten Personallasten der Volksschullehrer vom *Staat* zu tragen gewesen seien. Diese Grundsätze hätten ihren Niederschlag in dem Volksschullehrergesetz und dem Schulbedarfsgesetz vom 14.08.1919 gefunden. Es könne auch kein Zweifel darüber bestehen, daß es zu der Zeit, als im Jahre 1946 an die Schaffung einer Verfassung herangegangen wurde, der allgemeinen Rechtsüberzeugung entsprach, daß die Volksschullehrer Staatsbeamte und vom Staat anzustellen und zu besolden seien;[43] im bayerischen Staatshaushalt werde auch noch seit 1946 der Besoldungsaufwand für die Volksschullehrer aufgebracht.[44] Dem bayerischen Gesetzgeber und der Staatsregierung waren im übrigen die Konsequenzen früher klar: Bei der Einbringung des (früheren) Schulfinanzierungsgesetzes im Jahre 1962 heißt es zur Begründung der Neuregelung, in Art. 133 BV handele es sich um eine Grundsatzregelung; aus dem Wort "Einrichtung" ergebe sich, daß sich das Zusammenwirken nicht etwa auf ein - vom Staat her gesehen vielleicht nur auf die Schulaufsicht beschränktes - Miteinander beim Entschluß, eine Schule zu errichten, beschränken soll: "Vielmehr *sollen Staat und Gemeinde gemeinsam die Kosten tragen*".[45]

bb) *Zusammenfassend* läßt sich sagen, daß Art. 133 Abs. 1 Satz 2 BV eine **bindende Verfassungsregelung** ist, die den **Staat** verpflichtet, kommunale Schulen als Institution zu erhalten und die **Kosten** der kommunalen Schulen gemeinsam mit den kommunalen Schulträgern zu bestreiten. Herrschende Meinung ist hierbei, daß der Begriff der "kommunalen" Schulen im weiteren Sinne zu verstehen sei, also auch die Schulen der Landkreise[46] und gegebenenfalls der Bezirke umfaßt. Die verfassungsrechtliche Pflicht des Staates, sich an dem Aufwand und den Kosten für diese kommunalen Schulen

---

42 VerfGH n.F. 4, 251, 277 unten, Hervorhebung durch Verf.

43 Vgl. Art. 133 Abs. 2 BV ("Die Lehrer an öffentlichen Schulen haben grundsätzlich die Rechte und Pflichten der Staatsbeamten").

44 VerfGH n.F. 4, 251, 274 f.

45 Entwurf eines Gesetzes über die Finanzierung des Schulbedarfs der öffentlichen höheren Schulen, Mittelschulen und Handelsschulen (Schulfinanzierungsgesetz-SchFG-), vom 21.02.1962, Drs. BayLT, Beilage 2857, Seite 7

46 Vgl. Entwurf SchFG 1962, a.a.O., Seite 7 r. Sp.

zu beteiligen, muß notwendigerweise auf alle schulfinanzierungsrechtlichen Regelungen ausstrahlen. Dabei läßt sich dieses verfassungsrechtliche Gebot naturgemäß auf verschiedene Weise vollziehen; eine Entlassung des Staates aus dieser Verpflichtung ist jedoch nach geltendem Recht nicht möglich. Demgegenüber enhält Art. 133 BV *kein* ausdrückliches verfassungsrechtliches Gebot der Gemeinden und Gemeindeverbände untereinander, sich an den Kosten der jeweiligen kommunalen Schulen zu beteiligen. Der interkommunale Ausgleich der Schullasten ist verfassungsrechtlich nicht eigens geregelt, sondern ein Teilbereich des einfachgesetzlichen Finanzausgleichs (siehe hierzu unten III). Es liegt dabei auf der Hand, daß eine finanzielle Beteiligung der nutznießenden Körperschaften, insbesondere der umliegenden Landkreise, zu erfolgen hat.

cc) Aus der beiläufigen Erwähnung in der Entscheidung des Bayerischen Verfassungsgerichtshofs, die rechtliche Bestimmung des **Schulsprengels** gehöre zur "Einrichtung" im Sinne von Art. 133 BV, sind weitreichende Konsequenzen auch in Bezug auf das Schulfinanzierungsrecht gezogen worden.[47] Bedeutung hat die Bildung von Schulsprengeln allein für *Pflichtschulen (Volksschulen und Berufsschulen)*. Pflichtschulen haben die Verpflichtung, alle Schüler, die ihren Wohnort, gegebenenfalls ihren Beschäftigungsort oder gewöhnlichen Aufenthalt im Schul- bzw Fachsprengel haben,[48] aufzunehmen. Eine solche Verpflichtung besteht selbstverständlich auch, wenn die Schüler aus den umliegenden Gemeinden, Landkreisen, gegebenenfalls Bezirken kommen, die den entsprechenden Schulsprengel bilden. Für *Nicht-Pflichtschulen*, also vor allem für weiterführende allgemeinbildende Schulen, schreibt Art. 21 Abs. 3 BayEUG bindend vor, daß die Aufnahme eines Gastschülers nicht deswegen abgelehnt werden darf, weil die Erziehungsberechtigten ihren Wohnsitz oder gewöhnlichen Aufenthalt nicht innerhalb des Gebiets des Schulträgers haben. Dies begründet in der Konsequenz gleichfalls eine Verpflichtung des Schulträgers zur Aufnahme von Gastschülern.

Die Bildung von Schulsprengeln bei Pflichtschulen erfordert wegen der eben skizzierten Aufnahmeverpflichtung im Falle einer Neugründung oder Umstrukturierung einer Schule, aber auch wegen der damit verbundenen Investitions- und Nachfolgekosten, insbesondere eine Kooperation mit den betroffenen Gemeinden bzw. Landkreisen. Der BayVGH hat unter anderem wegen dieser weitgehenden Aufnahmeverpflichtung die Vergleichbarkeit zwi-

---

47 Vgl. unten IV 5a) zu den Beratungen des Art. 10 BaySchFG in der 161. Sitzung des Haushaltsausschusses, LMR Falckenberg

48 Vgl. Art. 9 Abs. 1 GbSch BayRS 2236-1-1-K, Art. 8 Abs. 1 VoSchG BayRS 2232-1-K, Art. 10 Abs. 1 S. 2 BaySchFG

schen kommunalen Realschulen und kommunalen Berufsschulen im Hinblick auf die *spezielle* Frage einer Übernahme durch den Staat abgelehnt.[49] Art. 14 Abs. 1 GbSch a.F. sah nämlich vor, daß dem Antrag eines Trägers einer kommunalen Berufsschule, seine Schule in eine staatliche Schule umzuwandeln (mit der Folge einer entsprechenden finanziellen Entlastung), entsprochen werden solle, wenn dadurch die Schulverhältnisse verbessert und insbesondere für einen genügend großen Schulsprengel Jahrgangsfachklassen gebildet werden können. U.a. auf diese Vorschrift hatte die klagende Gemeinde ihren Antrag auf Übernahme ihrer "notleidenden" kommunalen Realschule durch den Staat gestützt. Eine analoge Anwendung von Art. 14 Abs. 1 GbSch hat der VGH ebenso abgelehnt wie einen Anspruch aus Art. 133 BV oder aus dem Gesichtspunkt einer Geschäftsführung ohne Auftrag entsprechend §§ 677 ff. BGB. Tatsächlich stehen die Sprengelschulen gar nicht so schlecht da:

Zunächst darf nicht übersehen werden, daß die Bestimmung der Schulsprengel im Normenkontrollverfahren (§ 47 VwGO) nachgeprüft werden kann und Anträge hier auch in der Sache Erfolg gehabt haben,[50] wenn auch im allgemeinen die Verwaltungsrechtsprechung hier bezüglich des Organisationsermessens des Staates[51] großzügig ist. Gleichwohl hat der kommunale Träger einer Sprengelschule die Möglichkeit einer verwaltungsgerichtlichen Überprüfung der sachgerechten Sprengelbildung, während bei den Nicht-Pflichtschulen das Gesetz selbst, nämlich Art. 21 Abs. 3 BayEUG, die Aufnahme eines Gastschülers bindend vorschreibt. Ferner ist der Anteil der Gastschüler bei Volksschulen gering (er betrug im Jahre 1990 bei den kreisfreien Städten nicht einmal 1 %),[52] im Bereich der Berufsschulen wird "spitz" abgerechnet.

b) Es ist die Auffassung vertreten worden, Art. 21 Abs. 3 BayEUG sei wegen dieser Verpflichtung der Schulstädte verfassungswidrig, weil das BaySchFG nicht die volle (oder eine den Berufsschulen vergleichbare) Umlage der Gastschülerkosten zuläßt, die Schulstädte also auf ihrem Defizit sitzenblieben. Es wird daher in einem Inkurs die **Verfassungsmäßigkeit des Art. 21 Abs. 3 BayEUG** untersucht. Die jeweilige Schulgemeinde kann sich der in Art. 21 Abs. 3 BayEUG statuierten Aufnahmeverpflichtung nach herr-

---

49 BayVGH U.v. 06.08.1984 = BayVBl. 1985, 146

50 Vgl. BayVGH BayVBl 1984, 80

51 Vgl. BayVerfGH BayVBl 1984, 109, 111; VGH n.F. 36, 113

52 Nämlich 1.281 von 146.365 Volksschülern, Gutachten Kommunaler Prüfungsverband, Anlage 8, Blatt 1

schender Meinung auch nicht aufgrund des Art. 21 BayGO[53] entziehen. Nach
dieser Vorschrift kann eine Gemeinde die Benutzung von gemeindlichen Einrichtungen allein auf Gemeindeangehörige beschränken (und damit entstehende Defizite begrenzen). Diese Einschränkungsmöglichkeit besteht nicht, soweit Spezialgesetze *jedermann* ein Benutzungsrecht unter gleichen Bedingun-
gen einräumen. Art. 21 Abs. 3 BayEUG stellt nach wohl herrschender Auffassung eine solche spezialgesetzliche Regelung dar,[54] wobei hier offengelas-
sen werden muß, inwiefern nicht eine sachgerechte Bevorzugung der Gemeindeangehörigen zulässig sein kann (etwa durch Begrenzung auf einen bestimmten Prozentsatz von Gastschülern, um die Ausbildungsgrundversorgung der
Gemeindeangehörigen sicherzustellen).

Jedenfalls ist der Anspruch jedes Schülers auf umfassende Bildung und
Ausbildung entsprechend seiner Fähigkeiten grundrechtlich abgesichert (vgl.
Art. 128 Abs. 1 in Verbindung mit Art. 101 BV, Art. 6 Abs. 2 in Verbindung mit Art. 2 Abs. 1 GG). Es wäre auch schulpolitisch verfehlt, hier eine
übertriebene kommunale Abgrenzungspolitik zu betreiben. Zwar ist das
Schulwesen als Angelegenheit der örtlichen Gemeinschaft Teil der Selbstverwaltungsgarantie, wie das Bundesverfassungsgericht schon frühzeitig - wenn
auch nicht sehr dezidiert - festgestellt hat;[55] die kommunale Selbstverwaltungsgarantie hat - obwohl institutionelle Garantie - ähnlich hohen Rang wie
die Grundrechte. Gleichzeitig hat das Bundesverfassungsgericht aber die herrschende, weite Auslegung des Wortes Schulaufsicht unterstützt, bzw. sogar
mitbegründet, so daß Art. 21 Abs. 3 BayEUG, eine förmliche, nachkonstitu-
tionelle Norm, als eine solche Regelung der Schulaufsicht aufgefaßt werden
kann. Was die mangelhafte finanzielle Abgeltung für die Aufnahme von Gastschülern betrifft, so ist Art. 21 Abs. 3 BayEUG nicht sedes materiae, weil er
über die Kostenaufteilung keine Aussage trifft. Entscheidend sind hier die
Regelungen der Verfassung (Art. 133 Abs. 1 Satz 2 BV) und des Finanzausgleichs im weiteren Sinne.[56] Aus Art. 21 Abs 3 BayEUG kann natürlich erst
recht nicht die verfehlte Schlußfolgerung gezogen werden, die umliegenden
Landkreise könnten ihre Schüler gratis auf die Schulen der Schulstädte schik-
ken.

---

53 Vgl. auch Art. 15 BayLkrO, Art. 15 Bezirksordnung für den Freistaat Bayern

54 Vgl. *Hölzl/Hien*, Kommentar zur Gemeindeordnung für den Freistaat Bayern, Art. 21 GO,
    Anm. 4

55 Vgl. BVerfGE 26, 228, 237 ff; ausdrücklich bejahend hierzu BayVerfGH, B.v. 22.07.1983
    = BayVBl 1984, 109, 110 r.Sp. Für Bayern vgl. Art. 57 Abs. 1 BayGO, Art. 3, 21 EUG
    und hierzu BayVGH BayVBl. 1985, 146, 147 f.

56 Vgl. gleich unten d) sowie III.

c) Die Einteilung in Schulsprengel ist für die eingetretenen finanziellen Schwierigkeiten der Schulstädte bezüglich ihrer "Gastschüler" nicht relevant. Vielmehr kommt es hier in erster Linie auf die **tatsächlichen Verhältnisse** an, insbesondere also auf den prozentualen und absoluten Anteil an Gastschülern bzw. auf die räumlichen und demographischen Gegebenheiten des Sprengels oder des "Einzugsbereichs" der Schule. Hierbei ist es so, daß in vielen Fällen die allgemeinbildenden weiterführenden Schulen einen höheren Anteil an Gastschülern aufweisen als die weiterführenden beruflichen Schulen (Pflichtschulen). In der Landeshauptstadt München etwa waren von 10.312 Gastschülern im Schuljahr 1987/88 5.513 Besucher von Gymnasien, Realschulen und Kollegs und weitere 178 Besucher von Abendschulen des gleichen Typs.[57] Spitzenwerte werden an städtischen Gymnasien z.B. in Würzburg und Bamberg mit jeweils 65 % Gastschülern erzielt.[58] Diese Zahlen sind auch das Ergebnis einer (in Bayern vor allem durch die Städte betriebenen) Bildungspolitik und gesellschaftlicher Erwartungen, die das Studium gegenüber Lehrberufen bevorzugen, mit der Konsequenz, daß Schulen verstärkt besucht werden, die den Zugang zum Studium verschaffen. Der Gesetz- bzw. Verordnungsgeber hat demgegenüber bezüglich der Kosten für die Gastschüler nicht auf diese tatsächlichen Verhältnisse und Entwicklungen abgestellt, sondern auf den *Schultyp.* Welche Motive zu einer Differenzierung zwischen beruflichen Schulen - "Kostenersatz" für Gastschüler - einerseits, allgemeinbildenden weiterführenden Schulen andererseits[59] - pauschale Abgeltung - geführt haben, wird noch unten (IV 5.a) ergänzend untersucht werden. Unmittelbar mit dieser Differenzierung hängt auch zusammen, ob Kosten für Gastschüler "spitz" oder pauschal abgerechnet werden können.[60]

d) Nach **Art. 83 Abs. 1 BV** fallen "insbesondere" in den eigenen Wirkungskreis der Gemeinden (Art. 11 Abs. 2) das "Volks- und Berufsschulwesen und Erwachsenenbildung". **Art. 83 Abs. 3 BV** lautet: "Bei Übertragung staatlicher Aufgaben an die Gemeinden sind gleichzeitig die notwendigen Mittel zu erschließen". Da die Kommunen im Bereich des kommunalen Schulwesens eigene Aufgaben wahrnehmen, scheidet eine unmittelbare Anwendung dieser Vorschrift hier zunächst aus.

---

57 Angaben der Landeshauptstadt München - Schulreferat -

58 In Würzburg z.B. Schulnummer 0337, in Bamberg Schulnummer 0036, Blatt 101 bzw. 92 des Anhanges des Gutachtens des Bayerischen Kommunalen Prüfungsverbands München.

59 Vgl. Art. 10 Abs. 3, 19 Abs. 1 BaySchFG i.V.m. § 7 Abs. 3 AVBaySchFG

60 Mit der rechtlichen Bewertung der pauschalen Abrechnungsmethode befaßt sich unten der Abschnitt V.

Wie schon erwähnt, ist über die Aufgaben im eigenen Wirkungskreis der Gemeinden bei der Schaffung der Bayerischen Verfassung keine Einzeldebatte geführt worden. Dies hat zu der bekannten Rechtsprechung des Bayerischen Verfassungsgerichtshofs geführt, wonach der Gesetzgeber befugt sei, den Aufgabenkreis näher zu umschreiben und ihn im einzelnen festzulegen, wenn er dabei nur den Wesensgehalt des Selbstverwaltungsrechts unangetastet lasse.[61] Nicht erwähnt sind in der Verfassung insbesondere die Realschulen und die Gymnasien. Das Bayerische Gesetz über das Erziehungs- und Unterrichtswesen (BayEUG)[62] geht von einer Zweigleisigkeit der öffentlichen Schulen (staatliche bzw. kommunale Schulen) aus. Volksschulen, Sondervolksschulen, Sonderberufsschulen und Berufsschulen werden durch Rechtsverordnung der Regierung, die übrigen (staatlichen) Schulen durch Rechtsverordnung des zuständigen Staatsministeriums errichtet und aufgelöst. Öffentliche Volksschulen können nur als staatliche Schulen errichtet werden.[63] Die Errichtung einer kommunalen Schule ist nach Art. 21 Abs. 1 BayEUG zulässig, wenn gewährleistet ist, daß die Ausbildung der an der Schule tätigen Lehrer hinter der Ausbildung der bei entsprechenden staatlichen Schulen eingesetzten Lehrer nicht zurücksteht und die dem Unterricht dienenden Räume und Anlagen die Durchführung eines einwandfreien Schulbetriebs sicherstellen. Errichtung und Auflösung einer kommunalen Schule erfolgen durch Satzung des kommunalen Schulträgers. Ein Anspruch einer Kommune, eine Schule in eine staatliche zu überführen, besteht nach der Rechtsprechung nicht. Hierzu ist zu bemerken, daß vor allem wegen ihrer finanziellen Probleme derzeit 39 Anträge auf Verstaatlichung kommunaler Schulen vorliegen. Eine Verstaatlichung steht nicht in Aussicht.[64] Die Rechtsprechung geht davon aus, daß auch bei den nicht in Art. 83 Abs. 1 BV genannten Schulen keine vorrangige Verpflichtung des Staates besteht, derartige Schulen zu errichten oder im Falle finanzieller Schwierigkeiten der Kommunen gegebenenfalls zu übernehmen.[65] In Art. 57 BayGO sei der eigene Wirkungskreis der Gemeinden insoweit erweitert worden, als der öffentliche Unterricht ganz allgemein den Gemeinden als eigene Aufgabe zugewiesen werde. Nach Art. 57 Abs. 1 Satz 2 BayGO bestimme sich die Verpflichtung, diese Aufgaben zu erfüllen, nach den besonderen gesetzlichen Vorschriften. Wie oben aufgezeigt, sehen Art. 20, 21 BayEUG ein im wesentlichen gleichrangiges Nebeneinan-

---

61 Vgl. VerfGH n.F. 10, 113 und dazu *Nawiasky/Leusser*, die Verfassung des Freistaates Bayern, RandNr. 3 zu Art. 83 BV

62 In der Fassung der Bekanntmachung vom 29.02.1988 (GVBl. S. 61, BayRS 2230-1-1-K)

63 Art. 20 Abs. 1, 3 BayEUG

64 Vgl. Bayerischer Landtag 12. Wahlperiode Drs. 12/4485 vom 13.01.1992/21.01.1992

65 Vgl. BayVGH, Urteil vom 06.08.1984, BayVBl. 1985, 146, 147

der von staatlicher und kommunaler Trägerschaft vor.[66] Diese an sich für die kommunale Selbstverwaltung erfreulich weite Auslegung darf aber nicht als "Argument" für eine finanzielle Benachteiligung der Schulstädte mißbraucht werden. Zwar gilt Art. 83 Abs. 3 BV, wonach die notwendigen Mittel für die Gemeinden "zu erschließen",[67] das heißt sofort greifbar zuzuteilen, "zur Verfügung zu stellen" sind, so daß die Gemeinden nicht auf eine bessere Ausschöpfung ihrer ihnen bereits zustehender Finanzquellen verwiesen werden können,[68] dem Wortlaut nach nur im übertragenen Wirkungskreis; die Schulstädte erfüllen aber durch ihr Schulangebot einen zugleich staatlichen Bildungsauftrag und ersparen insoweit dem Staat (und benachbarten Landkreisen) tendenziell die Errichtung und den Unterhalt eigener Schulen. Hinzukommt die durch staatliches Gesetz ausgesprochene Verpflichtung nach Art. 21 Abs. 3 EUG, Gastschüler aufnehmen zu *müssen*. Dies kommt der Problemlage in Art. 83 Abs. 3 BV jedenfalls sehr nahe, wo es um die Finanzierung von *Pflicht*aufgaben geht. Dieser "Sonderbedarf"[69] ist in die Überlegungen miteinzubeziehen, wie das Gemeindefinanzsystem über die Gewährleistung des Existenzminimums hinaus in einer Weise gestaltet werden muß, die es den Gemeinden ermöglicht, ihren Finanzbedarf in gewissem Umfang autonom der von ihnen für notwendig erachteten Aufgabenbelastung anzupassen.[70] Diese Anpassungsfähigkeit nimmt ab, wenn Gastschüler *zwangsweise* und *defizitär* mit zu versorgen sind. Für diese Kosten muß deshalb ein angemessener finanzieller Ausgleich geschaffen werden. Soweit zu diesem Problemkreis Rechtsprechung des BayVGH oder des BayVerfGH überhaupt vorliegt, wird sie schon den tatsächlichen Verhältnissen nicht gerecht. Es kann bei den Schulstädten z.B. keine Rede mehr davon sein, daß Gastschulverhältnisse "nur seltener vorkommen".[71] Die restriktive Rechtsprechung insbesondere des BayVGH zum verfassungsmäßigen Recht der Kommunen, ihren Bedarf durch öffentliche Abgaben zu decken (Art. 83 Abs. 2 S. 2),[72] kann sich logischerweise nicht auf die Kostenproblematik der Gastschüler beziehen: die zweifelhafte Behauptung, der bayerische Gesetzgeber sei seiner Verpflichtung

---

66 BayVGH, BayVBl. 1985, 146, 147 r.Sp. unten

67 Vgl. ebenso Art. 6 Abs. 4 BayLKrO und BezO

68 So ausdrücklich *Nawiasky/Leusser/Schweiger/Zacher*, RandNr. 8 zu Art. 83 BV

69 Daß Gemeinden "Sonderbedarfe" haben können, hat das BVerfG kürzlich anerkannt, Urt.v. 27.5.1992 NJW 1992, 2279 (Leitsätze) -Finanzausgleich-.

70 Vgl. *Jakob*, BayVBl. 1972, 141 ff, 176, 178

71 So ausdrücklich BayVGH Urt.v.21.12.1983 BayVBl. 1984, 564, 565 - allerdings zum (alten) Gesetz über das berufliche Schulwesen (GbSch) vom 15.6.1972 (GVBl. S. 189).

72 Vgl. BayVGH, Urteil vom 30.04.1986, BayVBl. 1986, 622 - Zweitwohnungssteuer - Vgl. hierzu noch Entscheidung des BayVerfGH vom 27.03.1992 = BayVBl. 1992, 365

zur Einräumung einer finanziellen Eigenverantwortung der Gemeinden "über die Gewährleistung des Existenzminimums" hinaus mit der Gesamtregelung des Kommunalabgabenrechts nachgekommen,[73] hat keinen Bezug zum hier zu lösenden Problem, dem mit Mitteln des KAG gar nicht beizukommen ist. Die vorgegebene staatlich-kommunale "Mischfinanzierung" kommunaler Schulen verlangt genauso wie die Probleme des kommunalen bzw. interkommunalen Finanzausgleichs eine genauere Sicht der Dinge.

Ergänzend ist auf **Art. 83 Abs. 4 Satz 4 BV** hinzuweisen: Der Staat wacht nicht nur über die Erfüllung der gesetzlichen Pflichten durch die Gemeinden (Art. 83 Abs. 4 Satz 2 BV), er schützt die Gemeinden auch bei der Durchführung ihrer Aufgaben. Diese mit Art. 73 Abs. 1 der Landesverfassung Baden-Württemberg vergleichbare Vorschrift hat auch eine finanzielle Dimension.

Zusammenfassend bieten die verfassungsrechtlichen Regelungen sowohl des Grundgesetzes als auch der Bayerischen Verfassung keinen sehr präzisen Maßstab für die Schulfinanzierung und insbesondere für das Problem der Gastschülerkosten. Dies schließt nicht aus, daß die geltenden Regelungen verfassungswidrig sein können, weil sie die angemessene Finanzausstattung der Gemeinden in diesem Bereich nicht gewährleisten. Es müssen jedoch zunächst die unterverfassungsrechtlichen Normen des Bayerischen Schulfinanzierungsrechts analysiert werden.

---

73 BayVGH BayVBl. 1986, 622, 623

III. Das Schulfinanzierungsrecht als Teilbereich des Finanzausgleichs

1. Überblick über die geltenden Gastschülerfinanzierungsregelungen[74]

a) Das geltende Bayerische Schulfinanzierungsrecht sieht in Bayern bei den Leistungen für Gastschüler in erster Linie einen sogenannten interkommunalen Finanzausgleich, d.h. Ausgleichszahlungen des Kostenschuldners,[75] häufig der Wohnsitzgemeinde des Gastschülers, an den Aufwandsträger (Schulgemeinde) durch "Gastschülerbeiträge" vor (vgl. Art. 10 Abs. 4 i.V.m. Art. 19 Abs. 1 BaySchFG). Nur bei Gastschülern mit gewöhnlichem Aufenthalt außerhalb Bayerns ist der Freistaat Bayern Kostenschuldner.[76] Die Abrechnung der Leistungen für Gastschüler ist im Prinzip bei kommunalen Schulen und staatlichen Schulen gleich geregelt, weil Art. 19 BaySchFG auf die entsprechenden Regeln des Art. 10 BaySchFG verweist. Zwar können die beteiligten kommunalen Körperschaften eine abweichende Regelung vereinbaren (Art. 19 Abs. 2 BaySchFG); solche abweichende Regelungen sind jedoch sehr selten und vor allem im Sonderschulbereich anzutreffen. Angesichts des Gebotes der sparsamen Haushaltswirtschaft[77] ist dies auch nicht anders zu erwarten.

aa) Der **Kostenersatz für Berufsschulen** wird gemäß Art. 10 Abs. 3, evtl. i.V.m. Art. 19 Abs. 1 nach Maßgabe des Art. 8 Abs. 3 BaySchFG im wesentlichen nach den tatsächlichen Kosten, also "spitz" abgerechnet, wobei dann über Art. 53 Abs. 1 Nr. 1 des Gesetzes die Verordnung zur Ausführung des Bayerischen Schulfinanzierungsgesetzes zur Anwendung kommt (AV-BaySchFG vom 04.05.1987).[78] Die Verordnung verweist in ihrem § 7 Abs. 3 S. 1 auf die Anlage 1.[79] Diese konkretisiert den "Schulaufwand" in den Nummern 2.1 bis 2.18 (für alle Schultypen) und schafft in den Nummern 3 bis 4 Sonderregelungen für die Berufsschulen. Hier kann der Schulträger zusätzlich folgende Aufwendungen umlegen:

- Mieten und Pachten (Gruppe 53 des Gruppierungsplanes für die Haushalte der Gemeinden und Gemeindeverbände - KommGrPl),

---

74   Stand: 01.09.1992. Zu den späteren Änderungen siehe unten Zweiter Teil

75   Vgl. Art. 10 Abs. 4 BaySchFG

76   Art. 10 Abs. 4 Nr. 5 BaySchFG

77   Vgl. Art. 61 Abs. 2 GO, Art. 55 Abs.2 LKrO

78   GVBl Seite 127

79   Anlage 1 zur AVBaySchFG ist als Anhang 2 abgedruckt.

- kalkulatorische Kosten (Gruppe 68), insbesondere also Abschreibung und Verzinsung des Anlagekapitals (einschließlich Gebäude, ohne Grundstücke),

- die vollen Personalausgaben (Gruppen 40 bis 46) abzüglich der Lehrpersonalzuschüsse (bzw. Einnahmen zu den Gruppen 15 bis 17).

bb) Für Volksschulen, Realschulen, Gymnasien und Wirtschaftsschulen sind, beruhend auf der Ermächtigungsnorm des Art. 53 Satz 2 Nr. 1 BaySchFG für die Berechnung des laufenden Schulaufwands **Pauschalen gemäß § 7 AVBaySchFG** festgesetzt, die seit Inkrafttreten der Verordnung unverändert gelten. Diese Pauschalen "ersetzen" die Berechnung nach der Anlage[80] und betragen bei Volksschulen, Realschulen, Gymnasien (einschließlich Kollegs) und Wirtschaftsschulen 750,00 DM und bei Abendgymnasien und Abendrealschulen 500,00 DM jährlich pro Gastschüler.

cc) Erst in zweiter Linie gewährt der **Staat Gastschülerzuschüsse** gemäß Art. 10 Abs. 6 BaySchFG, die seit der Neuregelung im Jahre 1986 lediglich 100,00 DM je Haushaltsjahr (und dies auch nur für jeden 15 v.H. der Gesamtzahl der Schüler übersteigenden Gastschüler) betragen. Schulen mit einem geringeren Anteil an Gastschülern und auch bestimmte Schularten[81] fallen also gänzlich aus der staatlichen Förderung des Schulaufwandes für Gastschüler heraus.

b) Die Probleme des Ausgleiches der Kosten für die Gastschüler sind **in den anderen Bundesländern** schon vom grundsätzlichen Ansatz her geringer, weil die Lehrpersonalkosten im allgemeinen vollständig von den Ländern getragen werden (vgl. unten IV.2).

Die Frage eines *Gastschülerausgleiches* innerhalb eines Bundeslandes ist für die Stadtstaaten Berlin, Bremen und Hamburg von den tatsächlichen Voraussetzungen her bedeutungslos. In Hessen sind unter bestimmten Voraussetzungen Gastschulbeiträge für auswärtige Schüler vorgesehen.[82] In Niedersachsen beteiligen sich die Landkreise sowohl an den Schulbaukosten wie auch an den sonstigen Kosten im Sekundarbereich, soweit kreisangehörige Gemeinden, Samtgemeinden und deren Zusammenschlüsse Schulträger sind,

---

80 § 7 Abs. 3 Satz 2 AVBaySchFG

81 Vgl. Art. 10 Abs. 6 Satz 5 BaySchFG

82 Vgl. *Heckel/Avenarius*, Schulrechtskunde, Seite 119 oben mit den einschlägigen gesetzlichen Bestimmungen

vgl. §§ 98, 99 NdsSchulG[83] sowie die Verordnung vom 18. Juni 1975.[84] Ferner findet sich in § 85 Abs. 4, 5 und 6 noch eine spezielle Regelung für die Aufnahme auswärtiger Schüler. Verlangt werden kann hier ein kostendeckender Beitrag, wobei das Kultusministerium ermächtigt wird, Pauschalen festzusetzen, § 85 Abs. 4 Satz 2 NdsSchG. In Nordrhein-Westfalen ist ein interkommunaler Schullastenausgleich innerhalb der Schulverbände vorgesehen.[85] In Rheinland-Pfalz werden besondere Belastungen von Landkreisen durch Ausgaben für Gymnasien, Realschulen und berufliche Schulen durch einen Schullastenausgleich gemildert.[86] Im Saarland gibt es einen, offenbar nach Schultypus differenzierten Schulsachkostenbeitrag,[87] welcher teils von den übrigen Gemeinden (bei zentralisierten Grund- und Hauptschulen), teils vom Land aufzubringen ist (für Berufsschulen, Berufsfachschulen, Sonderschulen). Auch in Schleswig-Holstein sind Gastschulbeiträge für auswärtige Schüler unter bestimmten Voraussetzungen vorgesehen.[88]

Berücksichtigt man weiter, daß auch in den anderen alten Bundesländern Zuschüsse oder Darlehen zum Bau von Schulen und Fahrtkostenzuschüsse gewährt werden,[89] kann kein Zweifel daran bestehen, daß die derzeit gültige Regelung in Bayern die Kommunen im Ländervergleich benachteiligt.

2. Die frühere Rechtslage in Bayern (auszugsweise)

Die frühere Rechtslage war - differenziert nach Schultypus und hier nur auszugsweise wiedergegeben - folgendermaßen:

Nach dem (alten) Gesetz über die Finanzierung des Schulbedarfs der öffentlichen Gymnasien und Realschulen (vom 26.10.1962[90]) gewährte der

---

83 I.d.F.v. 06.11.1980 (GVBl. S. 425), zuletzt geändert durch Gesetz vom 30.07.1985 (GVBl. S. 246) vgl. *von Campenhausen/Lerche*, Deutsches Schulrecht, Sammlung des Schul- und Hochschulrechts des Bundes und der Länder, Loseblattausgabe, Stand 01.07.1991.

84 Verordnung über die Kosten der Schulen der Sekundarbereiche, zu denen die Landkreise den kreisangehörigen Gemeinden und Samtgemeinden Zuweisungen zu gewähren haben, GVBl. S. 218, *von Campenhausen/Lerche* a.a.O. Nr. 710 (2).

85 Vgl. *Heckel/Avenarius*, Seite 121 und näher *Ferdinand Esser*, Schulfinanzierung und Schulbau im Lande Nordrhein-Westfalen, Der Gemeindehaushalt 1977, S. 173 ff. und *Helmut Vreden*, Der Schullastenausgleich zwischen Land und Gemeinden in NW, Der Gemeindehaushalt 1975, S. 173 ff.

86 *Heckel/Avenarius*, Seite 121.

87 Vgl. *Heckel/Avenarius*, Seite 122

88 *Heckel/Avenarius*, Seite 123.

89 Vgl. *Heckel/Avenarius*, S. 114-123 m.w.Nw.; teilweise - etwa in Hessen - werden die Schulbeförderungskosten auch im Rahmen des Finanzausgleiches berücksichtigt.

90 GVBl 1962, Seite 276 BayRS 2230-7-1-K

Staat neben Lehrpersonalzuschüssen und Beihilfen zu Baumaßnahmen bei kommunalen Schulen betragsmäßig höhere Gastschülerzuschüsse. Diese betrugen gemäß Art. 8 Abs. 1 Satz 2 SchFG a.F. 250,- DM für jeden 15 v.H. der Gesamtzahl aller Schüler übersteigenden Gastschüler.

Daneben war in Art. 8 Abs. 2 dieses SchFG a.F. bereits ein interkommunaler Finanzausgleich vorgesehen, im Wege des sogenannten Gastschülerbeitrages. Anspruchsberechtigt war der "kommunale Träger des Sachaufwandes", Kostenschuldner der Landkreis bzw. die kreisfreie Gemeinde des Wohnsitzes des Schülers. Pauschalbeiträge waren nicht vorgesehen.

Der ursprüngliche Entwurf des Schulfinanzierungsgesetzes der Bayerischen Staatsregierung vom 21.02.1962 enthielt demgegenüber noch *keinen* interkommunalen Ausgleich. Vielmehr beschränkte sich der Gesetzgeber auf Lehrpersonalzuschüsse für kommunale Schulen und den staatlichen Gastschülerzuschuß, für staatliche und kommunale Schulen. Der Zuschuß sollte nach dem Entwurf 250,00 DM für jeden 25 v.H. der Gesamtzahl aller Schüler übersteigenden Gastschüler betragen. Nach der Begründung sollte für die kommunalen Schulen der Weg der Zuschußleistung durch den Staat, für die staatlichen Schulen der der Realaufteilung der Kosten zwischen den Partnern verbunden mit einer Zuschußleistung (Gastschülerzuschuß) gewählt werden. Es sei nicht die Absicht des Entwurfs, dem Staat durch das Gesetz wirtschaftlich eine günstigere Stellung einzuräumen als er bisher hatte; er werde vielmehr *erhebliche zusätzliche* Leistungen erbringen. Nach dem Gesetzesentwurf sei dafür Sorge zu tragen, daß die Belastungen, die kommunale Körperschaften in Zukunft neu zu tragen hätten, in keinem Fall so groß seien, daß dafür die finanziellen Grundlagen der Körperschaft nicht ausreichten. Es hieß dann wörtlich: "Grundsätzlich soll sich kein kommunaler Sachaufwandsträger durch Übernahme von laufenden Aufwendungen, die bisher der Staat getragen hat, wirtschaftlich verschlechtern. Vielmehr sollen die kommunalen Schulträger, die bisher vom Staat lediglich mit freiwilligen Zuschüssen bedacht wurden, künftig einen Rechtsanspruch auf erhöhte gleitend gestaltete und vorausberechenbare Zuschüsse erhalten. Andererseits ist damit für den Staat wiederum eine erhebliche Festlegung von Haushaltsmitteln für die Zukunft verbunden".[91] Obwohl somit seit Jahrzehnten die Novellierungen im Schulfinanzierungsrecht damit begründet werden, daß die kommunalen Schulträger sich nicht verschlechtern, sondern finanziell im Gegenteil verbessern sollten,[92] hat sich die finanzielle Situation der Schulstädte, also der Städte,

---

91 Entwurf SchFG, Drs. BayLT Beilage 2857, Seite 7, r. Sp.

92 Für die entsprechenden Argumentationen in den Beratungen des SchFG 1986 vgl. unten IV.3.b)

die im erhöhten Maße Gastschüler aus dem Umland aufnehmen, erheblich verschlechtert.[93]

Beim (alten) Gesetz über das berufliche Schulwesen (GbSch[94]) wurde neben den Lehrpersonalzuschüssen gemäß Art. 43 Abs. 2 ein staatlicher Gastschülerzuschuß gewährt, der 250,-DM für jeden 15 v.H. der Gesamtzahl aller Schüler übersteigenden Gastschüler (Art. 6 Abs. 1 GbSch) betrug. Gastschülerbeiträge durch die Wohnsitzgemeinde des jeweiligen Gastschülers waren in Art. 6 Abs. 2 GbSch vorgesehen.

3. Personalaufwand und interkommunaler Finanzausgleich

Bei den staatlichen Schulen trägt der Staat den Personalaufwand (Art. 6 BaySchFG 1986), für kommunale Schulen gewährt er lediglich einen (auf fiktive Bemessungsgrundlagen gestützten) Zuschuß zum Lehrpersonalaufwand (Lehrpersonalzuschuß), Art. 16 f BaySchFG 1986.[95] Die Gewährung der Lehrpersonalzuschüsse hat bei den Schulen, die bezüglich ihrer Gastschüler lediglich ihren laufenden Schulaufwand umlegen können, keine interkommunalen Auswirkungen mit Ausnahme der umlagefähigen Personalkosten für das Hauspersonal und das sonstige Personal (nicht: Lehrpersonal).[96] Demgegenüber kann bei *Berufsschulen* für Gastschüler nach Maßgabe des Art. 8 Abs. 3 und Art. 10 Abs. 3 BaySchFG Kostenersatz verlangt werden, der nach den Nummern 4.1. bis 4.3 der Anlage 1 zur AVBaySchFG[97] auch den nicht gedeckten Personalaufwand für die Lehrer, für das pädagogische Hilfspersonal und für das Verwaltungspersonal umfaßt. Da die Lehrpersonalzuschüsse in ihren Berechnungsgrundlagen pauschaliert und gekürzt angesetzt werden und nach geltendem Recht in Bayern niemals den gesamten Personalaufwand umfassen,[98] kann der nicht gedeckte Aufwand nur bei Berufsschulen dem Kostenschuldner auferlegt werden, was zu einer weiteren interkommunalen Finanzumschichtung führt.

---

93 Zur finanziellen Entwicklung der Kosten der Schulstädte vgl. unten VI

94 BayRS 2236-1-K

95 Zu den Lehrpersonalzuschüssen siehe noch ausführlich unten IV.4.

96 Vgl. hierzu Nr. 2.2. bis 2.7 der Anlage 1 zur AVBaySchFG - siehe Anhang Nr. 2 zu diesem Gutachten -.

97 In der Fassung der VO zur Änderung der AVBaySchFG vom 26.07.1991, GVBl S. 292

98 Der Zuschuß beträgt gemäß Art. 18 Abs. 3 BaySchFG bei Berufsschulen 70 v.H., bei Berufsfachschulen (und Wirtschaftsschulen) und Fachschulen 50 v.H., bei den übrigen beruflichen Schulen 60 v.H. des sich nach den Bemessungsgrundlagen des Art. 18 Abs. 1 und 2 BaySchFG ergebenden Lehrpersonalaufwandes. Dieser ist tatsächlich wesentlich höher.

4. Das Verhältnis des Finanzausgleichsgesetzes (FAG) zum Bayerischen Schulfinanzierungsgesetz

Bei der Überprüfung der im BaySchFG 1986 geregelten Gastschülerbeiträge (und Gastschülerzuschüsse) stellt sich die Frage, ob diese Regelung entweder dem BayFAG[99] selbst oder den im FAG niedergelegten Grundsätzen widerspricht.

a) Hierzu ist zunächst zu untersuchen, ob diese Gastschülerbeiträge (und Gastschülerzuschüsse) überhaupt als **Finanzausgleich**[100] zumindest im weiteren Sinne anzusehen sind.

aa) **Aufgabe des Finanzausgleichs** ist die Schaffung eines Systemes finanzieller Beziehungen und dessen rechtlicher Ausgestaltung, um staatliche, aufgrund von Steuern und sonstigen den Bürgern auferlegten Lasten erzielte Einnahmen so auf die einzelnen Glieder des Gemeinwesens (Staatswesens) aufzuteilen, daß diese in der Lage sind, die ihnen obliegenden Aufgaben zweckgerecht zu erfüllen.[101] Aus der Geschichte des Finanzausgleichs ergibt sich, daß die Zuweisung von Mitteln aus dem Finanzausgleich nicht etwa freiwillige Geschenke des Staates an seine Gemeinden, sondern ein Ausgleich dafür sind, daß bestimmte in der Gemeinde erhobene Steuern, insbesondere Einkommen-, Körperschafts- und Umsatzsteuer in vollem Umfang von Land und Bund in Anspruch genommen werden. Die Finanzausgleichsregelungen finden ihre Grundlage zum einen in der Finanzverfassung des GG (Art. 105 ff. GG) und in den einzelnen Länderverfassungen (hierzu gehört auch Art. 83 Abs. 3 BV).[102] Der Begriff des Finanzausgleiches geht über den der Finanzverfassung aber insofern hinaus, als er auch die nicht verfassungsrechtlichen Normen über das finanzielle Verhältnis zwischen Bund, Ländern und Gemeinden umfaßt. Aufgrund der durch Verfassung und Gesetze gegebenen Aufgabenverteilung stellt sich für den Finanzausgleich die Aufgabe, die Ge-

---

99 Gesetz über den Finanzausgleich zwischen Staat, Gemeinden und Gemeindeverbänden (Finanzausgleichsgesetz-FAG) i.d.F.d. Bekanntmachung vom 19.02.1992 (GVBl. S. 27, BayRS 605-1-F).

100 Der Finanzausgleich zwischen Bund und Ländern (vgl. hierzu Gesetz über den Finanzausgleich zwischen Bund und Ländern i.d.F.d.B. vom 28.01.1988, zuletzt geändert durch Einigungsvertrag vom 31.08.1990, BGBl. II S. 889, 966) kann hier weitgehend unberücksichtigt bleiben, obwohl auch hier Regelungen getroffen werden, die unmittelbaren Einfluß auf die Gemeindefinanzen haben, vgl. etwa §§ 8, 9 FAG des Bundes.

101 Vgl. *Bohley, Foohs, Greimel* in: Handbuch des gemeindlichen Steuerrechts, Teil IV, München 1990 (im folgenden zitiert: "*Bohley* u.a.")

102 Vgl. oben II. 2. d). Dort ist auch auf den sachlichen Zusammenhang zu Art. 83 Abs. 2 S. 2 BV hingewiesen.

samtheit der öffentlichen Mittel auf die Körperschaften zu verteilen, die Träger dieser Aufgaben sind.[103]

Aus der Finanzverfassung des GG ergibt sich, daß der Finanzausgleich *innerhalb eines Landes*, der sogenannte "innere" oder "kommunale" Finanzausgleich - abgesehen von einer Regelung der Verteilung der Realsteuern und der Verpflichtung, die Gemeinden an dem Landesanteil der Einkommen- und Körperschaftssteuer zu beteiligen - Sache des Landes ist und zum ausschließlichen Zuständigkeitsbereich der Landesgesetzgebung gehört.[104]

Das Bundesverfassungsgericht hat in einer Entscheidung aus dem Jahre 1991 die grundsätzliche Aussage getroffen, daß Art. 106 Abs. 5 und 6 GG Bestimmungen zur primären, Abs. 7 zur sekundären Finanzausstattung enthalten. "Normative Vorgaben für einen interkommunalen horizontalen Finanzausgleich, auch wenn er vom Land veranstaltet wird, legen diese Vorschriften nicht fest".[105] Der innerstaatliche Finanzausgleich war seinem historischem Ursprung und seiner Entwicklung nach zunächst vertikal angelegt; er hatte die Aufgabe, zwischen der staatlichen und gemeindlichen Ebene einen Ausgleich herbeizuführen. In seiner Durchführung aber hatte er zugleich auch immer Zielsetzung und *Wirkung* eines horizontalen Ausgleiches, also eines Ausgleiches innerhalb der gemeindlichen Ebene gehabt ("interkommunaler Finanzausgleichseffekt")[106].

Bei seiner erstmaligen Regelung (Ausführungsgesetz vom 23.06.1923 zu Art. 8, 11 und 15 der Weimarer Verfassung von 1919) wurde der Finanzausgleich in Form eines Überweisungssystems, das ursprünglich das Steueraufkommen nach dem örtlichen Aufkommen zuordnete, durchgeführt. Bereits in den 30er Jahren wurde der Finanzausgleich so umgestaltet, daß die Gemeinden an der Einkommen-, Körperschafts- und Umsatzsteuer mit einem vom-Hundertsatz beteiligt wurden. Von diesen Gemeindeanteilen sollten mindestens 75 % als *Schlüsselzuweisungen*, der Rest über einen Ausgleich *(Bedarfszuweisungen)* verteilt werden. Diese Form des Finanzausgleiches stellt den direkten Vorläufer des heutigen Steuerverbundes im engeren Sinne dar.[107]

---

103 *Bohley* u.a., S. 3 m.w.H. auf BVerwG Urteil vom 16.10.1964 (DVBl. 1965, 124).

104 *Bohley u.a.*, S. 3 m.w.H. auf BVerwG Urteil vom 16.10.1964 (DVBl. 1965, 124).

105 BVerfGE 83, 363, 391

106 *Zimmermann,* in Praxis der Gemeindeverwaltung, Band E 1, München 1974 ff., E 1 Bay, S. 6.

107 *Bohley u.a.*, S. 5, vgl. Art. 1 ff, 11 BayFAG.

bb) Die hier zu untersuchende Regelung der Leistungen für Gastschüler sieht zum einen in Art. 10 Abs. 6 bzw. Art. 19 Abs. 3 BaySchFG 1986 einen **staatlichen Zuschuß** in Höhe von DM 100,-- für jeden 15 v.H. die Gesamtzahl der Schüler übersteigenden Gastschüler vor. Mit dieser Regelung wird eine finanzielle Beziehung zwischen dem Staat und den Gemeinden als Trägern der Schullasten zur Erfüllung dieser sich aus der Tragung der Schullasten ergebenden Aufgaben, mithin eine Finanzausgleichsregelung geschaffen. Vergleichbare Zuschußregelungen finden sich im FAG selbst, z.B. in Art. 10 (Zuschüsse zum Bau von Schulen u.a.) und Art. 10 a (Zuweisungen für Beförderung der Schüler auf dem Schulweg).

cc) Art. 10 i.V.m. Art. 19 des BaySchFG begründet des weiteren in seinen Absätzen 1 - 5 eine Kostentragungspflicht der "Heimat"-Gemeinde bzw. des "Heimat"-Landkreises[108] des Gastschülers gegenüber dem Aufwandsträger, d.h. der Gemeinde oder kommunalen Körperschaft, deren Schule der Gastschüler besucht. Fraglich ist, ob auch diese Regelung eine Finanzausgleichsregelung darstellt. Dies könnte zum einen deswegen zu verneinen sein, da es sich um einen (angeordneten) Ausgleich zwischen zwei kommunalen Körperschaften, d.h. einen *horizontalen* Finanzausgleich handelt. Anders als der interkommunale Finanzausgleichs*effekt* (vgl. oben aa)) entspricht der von Staats wegen angeordnete **interkommunale Ausgleich** nicht dem klassischen Bild des innerstaatlichen Finanzausgleiches. Andererseits wird auch durch eine solche, gesetzlich festgelegte interkommunale Ausgleichspflicht ein System finanzieller Beziehungen zwischen den einzelnen Gliedern des Gemeinwesens geschaffen. Sie entspricht in ihrer Ausgestaltung auch einigen im FAG selbst getroffenen Regelungen. So stellt z.B. Art. 10 b Abs. 3 FAG (Krankenhausumlage) ein horizontales, intergemeindliches Finanzausgleichssystem auf. Mithin stellen auch solche interkommunalen Zahlungspflichten Finanzausgleichsregelungen im Sinne der oben (vgl. 2 a, aa)) dargelegten Definition dar, was allerdings noch keine Aussage zu ihrer konkreten rechtlichen Zulässigkeit beinhaltet.

dd) Auch der Umstand, daß in Art. 10 Abs. 1 - 5 BaySchFG die Errechnung des Ausgleichsbetrages aufgrund konkreter Schülerzahlen und z.T. aufgrund **konkreter Bemessung** geschieht, kann nicht dazu führen, daß diese Regelung nicht als Finanzausgleich im weiteren Sinne anzusehen ist. Auch die im FAG selbst aufgestellten Grundsätze für die Zuschüsse an Gemeinden, z.B. Zuschüsse für Gesundheitsämter gem. Art. 9 FAG oder Zuschüsse zum

---

108 Welche kommunale Körperschaft Kostenschuldner ist, ergibt sich aus Art. 10 Abs. 4 BaySchFG (i.V.m. Art. 19 Abs. 1). Bei Schülern mit gewöhnlichem Aufenthalt außerhalb BaySchFG Bayerns ist der Freistaat Bayern Kostenschuldner, Art. 10 Abs. 4 Nr. 5

Bau von Schulen, Kindergärten und sonstigen öffentlichen Einrichtungen, Art. 10 FAG, stellen als Bezugsgröße für die Höhe des jeweiligen Zuschusses auf den konkret entstandenen Aufwand bzw. auf die Anzahl der gemeindlichen Einwohner ab.

Die in Art. 10 Abs. 1 - 6 BaySchFG geregelten Gastschülerbeiträge stellen somit Finanzausgleichsregelungen dar.

b) Eine **Rechtswidrigkeit** der im BaySchFG geregelten **Gastschülerbeiträge** könnte sich im Zusammenhang mit dem FAG aus zwei Gründen ergeben. Zum einen wird die Meinung vertreten, daß dieser interkommunale Ausgleich nach dem Schulfinanzierungsrecht ein versteckter, unzulässiger Finanzausgleich zwischen den Gemeinden sei. Die Fragen des Finanzausgleichs seien im *Rahmen des FAG* offenzulegen und hier einer befriedigenden Regelung zuzuführen (aa)).[109] Zum anderen könnte die konkrete Gastschülerbeitragsregelung gegen *allgemeine Grundsätze des Finanzausgleiches*, wie sie im FAG konkretisiert sind, verstoßen (bb)).

aa) Voraussetzung der oben zitierten Ansicht, der im BaySchFG geregelte interkommunale Ausgleich sei ein **versteckter, unzulässiger Finanzausgleich**, ist, daß das FAG als Gesetz des Finanzausgleichs Vollständigkeit und Klarheit anstrebt oder aus verfassungsrechtlichen Gründen anstreben muß.

Betrachtet man die Entwicklungsgeschichte des FAG seit der Geltung der Bayerischen Verfassung, so ergibt sich, daß schon im FAG vom 10.08.1948 Finanzausgleichszahlungen für die Tragung von Schullasten vorgesehen waren. Dies waren zum einen Finanzausgleichszahlungen der Bezirksverbände zum Aufwand des Staates für die persönlichen Volksschullasten, andererseits wurden in Art. 10 den Gemeinden Mittel für den Wiederaufbau kriegszerstörter Schulen usw. gewährt. Diese Vorschrift wurde im Änderungsgesetz vom 15. Juli 1957 so neu gefaßt, daß nunmehr Zuschüsse und Darlehen zum Bau von Schulen, usw. gewährt werden konnten. Mit Änderungsgesetz vom 22.04.1965 wurde die Vorschrift des Art. 10 a) FAG, eine Regelung von staatlichen Zuschüssen zum Betrieb von Schulomnibussen, eingefügt. Auch die Vorschrift des Art. 10 FAG wurde mehrmalig geändert bzw. erweitert, so daß nach der nunmehrigen Fassung auch der Bau von schulischen Sportanlagen durch staatliche Zuschüsse und Darlehen an die Gemeinden und Gemeindeverbände gefördert wird. Eine weitergehende Regelung von Finanzaus-

---

109 Diese Auffassung ist in einer internen Stellungnahme von der Stadt Regensburg vertreten worden und wurde u.a. vom Stadtschulrat der Landeshauptstadt München geteilt (Schreiben vom 17.10.1991)

gleichszahlungen zum kommunalen Schulaufwand hat das FAG in Bayern zu keinem Zeitpunkt vorgesehen.

Vielmehr ist parallel zu den mehrmaligen Neufassungen und Änderungen des FAG im Bayerischen Landtag am 20.04.1955 beschlossen worden, die Bayer. Staatsregierung zu beauftragen, "vordringliche Gesetzesentwürfe zur Durchführung des Art. 133 Abs. 1 der Bayerischen Verfassung vorzulegen. Diese Gesetzesentwürfe sollen sich auf die notwendige gesetzliche Regelung zur Erhaltung des nicht staatlichen öffentlichen und privaten höheren und mittleren Schulwesens beziehen".[110] In Ausführung dieses Gesetzes sind unter anderem das Privatschulleistungsgesetz vom 05.07.1960[111] und das BaySchFG über die Finanzierung des Schulbedarfs der öffentlichen Gymnasien und Realschulen vom 26.10.1962[112] erlassen worden. Im BaySchFG 1962, das am 1. Januar 1963 in Kraft getreten ist, sind in Art. 8 Gastschülerzuschuß und Gastschülerbeitrag wie folgt geregelt worden:

Art. 8 Gastschülerzuschuß, Gastschülerbeitrag

(1) Übersteigt an den staatlichen und kommunalen Schulen in einer Schulsitzgemeinde die Zahl derjenigen Schüler, die außerhalb der Schulsitzgemeinde ihren Wohnsitz haben (Gastschüler), 15 v.H. der Gesamtzahl der Schüler, so gewährt der Staat dem Träger des Sachaufwands einen Gastschülerzuschuß. Der Zuschuß beträgt je Rechnungsjahr zweihundertfünfzig Deutsche Mark für jeden 15 v.H. der Gesamtzahl aller Schüler übersteigenden Gastschüler. Art. 7 Abs. 3 Satz 1 findet entsprechende Anwendung. Der Gastschülerzuschuß darf 85 v.H. des von der kommunalen Körperschaft zu tragenden laufenden Sachbedarfs einschließlich des Aufwands für das Hauspersonal sowie ihrer freiwilligen Leistungen zum schulischen Sachbedarf der Gymnasien nicht übersteigen.

(2) Der kommunale Träger des Sachaufwands kann für jeden Schüler, der außerhalb des Gebiets des Trägers seinen Wohnsitz hat, vom Landkreis oder der kreisfreien Gemeinde des Wohnsitzes des Schülers einen Beitrag (Gastschülerbeitrag) verlangen. Für Schüler mit Wohnsitz in einem anderen Bundesland richtet sich der Anspruch gegen den Freistaat Bayern. Der Gastschülerbeitrag pro Schüler darf den Betrag nicht überschreiten, der sich ergibt, wenn der vom Träger des Sachaufwands zu tragende laufende Sachbedarf einschließlich des Aufwands für das Hauspersonal sowie der freiwilligen Leistungen zum schulischen Sachbedarf der Gymnasien durch die Gesamtschülerzahl geteilt wird; die staatlichen Leistungen nach Absatz 1 sind

---

110 Drs. BayLT, Beilage 344, zit. in Beilage 2857 vom 21.02.1962, Entwurf eines Gesetzes über die Finanzierung des Schulbedarfs der öffentlichen Höheren Schulen, Mittelschulen und Handelsschulen (Schulfinanzierungsgesetz - SchFG -), S. 5

111 GVBl. 1960, S. 123

112 GVBl. 1962, S. 276

vorweg abzusetzen. Art. 7 Abs. 3 Satz 1 findet entsprechende Anwendung. Die beteiligten Kommunen können abweichende Regelungen vereinbaren.

(3) Soweit für staatliche Schulen der Staat selbst den Sachaufwand trägt, wird der Gastschülerzuschuß nicht gewährt.

Eine ähnliche Regelung findet sich auch im Gesetz über das berufliche Schulwesen aus dem Jahre 1972.

Dieses Vorgehen des Gesetzgebers, der in Ausführung des oben genannten Landtagsbeschlusses vom 20.04.1955 die Finanzierung des Schulbedarfes der öffentlichen höheren Schulen, Mittelschulen und Handelsschulen nicht in das FAG aufgenommen hat, sondern hierfür ein eigenes Gesetz geschaffen hat, verdeutlicht, daß der Gesetzgeber eine Vollständigkeit des FAG in der Form, daß sämtliche Finanzausgleichszahlungen in diesem Gesetz zu regeln seien, bewußt *nicht* angestrebt hat.

Daß der Gesetzgeber Teile des kommunalen Finanzausgleiches außerhalb des FAG geregelt hat, verstößt auch nicht gegen Grundsätze der bayerischen Finanzverfassung. Aus der Bayerischen Verfassung läßt sich nicht der Grundsatz ableiten, daß der Finanzausgleich einheitlich in einem Gesetz zu regeln ist. Dies dürfte für die anderen Bundesländer in gleicher Weise zutreffen.

bb) Zu den **allgemeinen Grundsätzen des Finanzausgleichs**, wie sie im FAG konkretisiert sind, gehört eine Ausgestaltung des Systems des vertikalen und horizontalen Finanzausgleiches in der Weise, daß

-, Bund, Länder und Gemeinden bzw. Gemeindeverbände im Rahmen der insgesamt verfügbaren Mittel eine angemessene, hinreichend dauerhafte und rechtsstaatlich gesicherte Grundlage für die Erfüllung ihrer Aufgaben erhalten und innerhalb ihres Verantwortungsbereiches zu einer selbständigen Haushaltspolitik befähigt werden. Dabei muß jedoch der Finanzausgleich der künftigen Entwicklung der Einnahmen und Ausgaben, die ihrem Wesen nach veränderlich sind, elastisch angepaßt werden können;

- die Ertragshoheit über die einzelnen Steuern dergestalt auf Bund, Länder und Gemeinden verteilt wird, daß für das Finanzausgleichsgefüge ein Höchstmaß an innerer Stabilität erreicht wird (z.B. durch ein Verbundsystem großer Überweisungssteuern für Bund und Länder). Im übrigen sind für die Zuordnung der einzelnen Steuern ihre räumliche Belastungswirkung und Aufkommensverteilung, ihre ordnungspolitische oder staatsfinanzielle Funktion und der Grad ihrer Konjunkturabhängigkeit maßgebend;[113]

_____

113 Dieser Aspekt ist in der vorliegenden Untersuchung nicht ausschlaggebend.

- zwischen leistungsstarken und leistungsschwachen Ländern ein angemessener Ausgleich der Steuerkraft gesetzlich sichergestellt wird; im Rahmen des Gesamtsystems soll dieser horizontale Ausgleich nur subsidiäre Bedeutung haben. Für bestimmte Aufgabengebiete kann auch ein besonderer Lastenausgleich zwischen Bund und Ländern, ggfs. auch Gemeinden und Gemeindeverbänden in Betracht kommen.[114]

Es stellt sich insbesondere die Frage, ob die derzeitige Regelung der Gastschülerbeiträge im BaySchFG dem Erfordernis genügt, daß die Länder die Gemeinden mit ausreichenden Mitteln zu einer selbständigen Erfüllung ihrer Aufgaben auszustatten haben. Dieses Erfordernis an Finanzausgleichsregelungen kann möglicherweise die in Art. 28 Abs. 2 GG garantierte kommunale Selbstverwaltung, deren wesentlicher Bestandteil neben der Personal- insbesondere auch die Finanzhoheit ist, abstützen. Zum anderen formuliert Art. 104 a) Abs. 1 GG den Grundsatz, daß die Ausgaben, d.h. der Finanzbedarf, den Aufgaben zu folgen hätten. Unter "Finanzbedarf" wird die Gesamtheit der finanzwirksamen Aufgabenlasten (hier: der Gemeinden) begriffen.[115] Fraglich ist, ob diese Lastenverteilungsregelung des Verfassungsrechts auch für die kommunale Finanzausstattung gilt.[116] Diese Ansicht wird in der *Literatur* von einer neueren Auffassung vertreten, die aber insbesondere auf die Ausführung übertragener Aufgaben abstellt. Diese Aufgaben seien rechnerisch zu separieren und gesondert abzugelten.[117] Diesen Anforderungen wird derzeit in keinem Bundesland Rechnung getragen. Eine Übertragung der Grundsätze des für das Bund-Länder-Verhältnis geltenden Art. 104 a) Abs. 2 GG auf das Länder-/Kommunen-Verhältnis ist daher problematisch.[118] Eine strenge Bindung an das Konnexitätsprinzip, wonach die Summe eigener, autonom verfügbarer Finanzmittel nach der Aufgabenverantwortlichkeit zu bemessen wäre, ist bislang nicht Praxis, auch wenn das Prinzip in der Literatur z.T. als notwendige Folge des Prinzips demokratischer Verantwortung,

---

114 Gutachten über die Finanzreform in der Bundesrepublik Deutschland, 1966, S. 2, zitiert in *Bohley* u.a., S. 4.

115 *Grawert*, Die Kommunen im Länderausgleich, 1989, S. 82.

116 So *Paul Kirchhof*, in: Reform des kommunalen Finanzausgleichs, herausgegeben von *Werner Hoppe*, Köln 1985. S. 9, unter Bezugnahme auf BVerfGE 26, S. 338 (390).

117 Vgl. *Schmidt-Jortzig/Makswit*, Verfassungsrechtliche Vorgaben für die Finanzierung kommunaler Fremdverwaltung, JuS 1980, S. 641 ff.; *Schmidt-Jortzig*, Probleme der kommunalen Fremdverwaltung, DÖV 1981, S. 393 ff., 400.

118 Vgl. VerfGH Rheinland-Pfalz, DVBl. 1978, S. 802, 804; VerfGH Nordrhein-Westfalen, DVBl. 1985, S. 685, 686 f.; VerfGH Nordrhein-Westfalen, DÖV 1989, S. 310; zustimmend *H.H. von Arnim*, in *Isensee/Kirchhof* (Hrsg.), Handbuch des Staatsrechts der Bundesrepublik Deutschland, Band IV, 1990, § 103, Rand-Nr. 31 f.

rechtsstaatlicher Haushaltsbewirtschaftung und -kontrolle und des Erfordernisses sachnaher Entscheidungen begriffen wird.[119]

Allerdings ergibt sich die Notwendigkeit einer Beteiligung des *Staates* an der Finanzierung der kommunaler Schullasten in Bayern bereits unmittelbar aus Art. 133 Abs. 1 Satz 2 BV (vgl. oben II 2.). Problematisch bleibt es, die normative "Zielvorgabe" näher zu konkretisieren. Die gemeinsame Kostentragungspflicht von Staat und Gemeinden wäre seitens des Staates mit Sicherheit nicht eingehalten, wenn er sich in diesem Bereich auf die Gewährung der - sehr niedrigen - Gastschülerzuschüsse beschränkte. Was aber letztlich eine angemessene Finanzausstattung der Gemeinden ist, läßt sich nur im Zusammenhang mit anderen Finanzierungsregelungen beurteilen. Das finanzielle *Gesamtergebnis* bezüglich der konkreten Aufgabenwahrnehmung ist wohl entscheidend.[120] Dies zwingt dazu, die weiteren Regelungen des geltenden Schulfinanzierungsrechts im Zusammenhang zu betrachten, insbesondere also auch den *Personalaufwand* und damit die *Lehrpersonalzuschüsse* mit einzubeziehen (vgl. unten IV. 4.). Von diesem Gesamtergebnis und dem Anteil staatlicher Beteiligung wird es auch abhängen, inwieweit und in welcher Höhe ein interkommunaler Finanzausgleich zulässig, erforderlich oder angemessen sein kann. Eine verfassungsrechtliche Grenzmarkierung ist jedenfalls die, daß die *staatliche* Beteiligung am kommunalen Schulaufwand immer einen wesentlichen Teil ausmachen muß. Hierzu wird ergänzend zu den bisherigen Feststellungen ein Blick über die Grenzen Bayerns hinaus gemacht werden (unten IV. 2).

Eine Form interkommunaler Beteiligung könnten *freiwillige* interkommunale Vereinbarungen über den Ersatz bestimmter Aufwendungen sein. Solche freiwillige Regelungen sieht Art. 19 Abs. 2 BaySchFG bezüglich der Gastschülerbeiträge auch ausdrücklich vor. Es ist jedoch zu bedenken, daß die Körperschaften, die Gastschüler entsenden, gleichfalls auf sparsame und wirtschaftliche Haushaltswirtschaft verpflichtet sind.[121] Es ist daher kein Wunder, daß freiwillige Vereinbarungen kaum praktische Relevanz haben, weil sich die Kostenschuldner mit der gesetzlichen Regelung, insbesondere bei der Abrechnung über Pauschbeiträge, besser stellen als im Rahmen freiwilliger Regelungen. Eine Abwälzung der staatlichen Verantwortung unter Hinweis

---

119 *Kirchhof* a.a.O., S. 9. Vgl. auch *Grawert* a.a.O. S. 83: "Vorstrukturierter Zusammenhang von Ausgaben- und Aufgabenverantwortung".

120 Inwiefern unzumutbare Sonderbelastungen bei der Wahrnehmung einer speziellen Aufgabe durch ansonsten "großzügige" Zuweisungen des Staates ausgeglichen werden können, bedarf hier noch keiner endgültigen Stellungnahme.

121 Vgl. Art. 55 BayLKrO.

auf die theoretische Möglichkeit freiwilliger interkommunaler Vereinbarungen ist rechtlich unhaltbar. Zu den *zwingend* angeordneten Gastschülerbeiträgen gibt es auch im FAG selbst Parallelen, etwa in Art. 10 b Abs. 3 (Krankenhausumlage), der selbst ein horizontales, intergemeindliches Finanzausgleichssystem aufstellt. Problematisch könnte ein vom Staat zwingend angeordneter interkommunaler Finanzausgleich vor allem deshalb sein, weil der Staat seine eigene Verantwortung für einen gerechten Finanzausgleich auch im Verhältnis der kommunalen Körperschaften untereinander durch unübersichtliche Einzelregelungen aufweichen und den kommunalen Körperschaften politisch den "Schwarzen Peter" zuschieben könnte. Im Zusammenhang mit der Wahrnehmung sogenannter zentralörtlicher Funktionen (wozu das Schulangebot gehört) sind deshalb in der Literatur - unter Bezugnahme auf die Ebene des *Länderfinanzausgleichs* gemäß Art. 107 Abs. 2 GG[122] - erhebliche Bedenken gegen das Konzept eines interkommunalen (oder regionalen) Finanzausgleiches vorgebracht worden.

So führen z.B. *Schuppert/Dahrendorf* aus:

"Zu Ende gedacht, würde es im Ergebnis darauf hinauslaufen, die *Solidargemeinschaft der Länder als Fundament des Länderfinanzausgleichs* preiszugeben und einer *Balkanisierung des Finanzausgleichs* das Wort zu reden, also einer Auflösung des übergreifenden Finanzausgleichs in Untergemeinschaften des Finanzausgleichs. Dies wäre eine für den Föderalismus der Bundesrepublik verhängnisvolle Entwicklung". Die Verfasser fahren dann fort: "Auch unterhalb der Schwelle solcher grundsätzlichen Überlegungen spricht alles gegen das Rezept einer Regionalisierung des Finanzausgleichs[123]... Daß die Regionalisierung dem Grundgedanken des Finanzausgleichs innerhalb einer Solidargemeinschaft widerspricht, zeigt sich sehr deutlich am Beispiel des kommunalen Finanzausgleichs. Wollte man das Rezept der Regionalisierung des Finanzausgleichs auf den kommunalen Finanzausgleich übertragen, so würde dies auf einen *zwischengemeindlichen Ausgleich* hinauslaufen (Methoden: Gebührenpolitik mit Auswärtigenzuschlag, Gastschulbeiträge, Zweckverbände, Krankenhausumlagen)".[124] Als Resümee kommt die Studie von *Reidenbach* zum Ergebnis: "Angesichts dieser Konstellation sind ins Detail gehende Vorschläge für weitere zwischengemeindliche Lösungen weitgehend

---

122 Vgl. auch *Fritz Ossenbühl*, Verfassungsrechtliche Grundlagen des Länderfinanzausgleichs gemäß Art. 107 II GG, 1984.

123 *Schuppert/Dahrendorf*, Verfassungsrechtliche und finanzwissenschaftliche Aspekte des Länderfinanzausgleiches, 1985, Seite 78, Hervorhebung durch den Verfasser

124 *Schuppert/Dahrendorf*, Seite 78 f. unter Hinweis auf die Studie von *Michael Reidenbach*, Stadt und Umland im Finanzausgleich. Eine empirische Untersuchung am Beispiel der zentralörtlichen Belastungen in Niedersachsen, Berlin 1983, dort insbesondere Seite 108 f.

müßig. Eine umfassende Lösung kann für die kreisfreien Städte nur über den kommunalen Finanzausgleich des Landes gefunden werden".[125]

Die finanziellen Probleme, die sich aus der Wahrnehmung zentralörtlicher Funktionen ergeben, lassen sich nicht dadurch lösen, daß man für globale Lösungen plädiert. Das Bundesverfassungsgericht hat in seiner Entscheidung zur Krankenhausfinanzierungsumlage in Rheinland-Pfalz den dortigen § 21 a des FAG Rheinland-Pfalz im Hinblick auf Art. 28 Abs. 2 GG für unbedenklich erklärt, solange das Umlageaufkommen im kommunalen Raume verbleibe. Ein interkommunaler Lastenausgleich finde seine Rechtfertigung schon darin, daß die Einzugsbereiche der einzelnen Krankenhäuser sich nicht notwendig mit den Verwaltungsgrenzen von Landkreisen und kreisfreien Städten deckten, zumal die Wahrnehmung der Aufgabe der Krankenhausversorgung durch Land, kreisfreie Städte und Landkreise im Ergebnis auch bewirken solle, daß die Bevölkerung des Landes Rheinland-Pfalz insgesamt mit leistungsfähigen Krankenhäusern versorgt werde. Dies setze voraus, daß die kommunalen Träger neben dem Bedarf der eigenen gegebenenfalls auch dem der Bevölkerung anderer Kommunen oder Teilen davon dienten.[126] Die Vergleichbarkeit zur Schulproblematik liegt auf der Hand. Der BayVGH hat in seinem "Kindergartenurteil" eine anteilige Zuschußpflicht der Gemeinden des tatsächlichen "Einzugsbereichs" zu den Personalkosten eines freigemeinnützigen Trägers angenommen, auch wenn dessen Kindergarten nicht in den Bedarfsplan aufgenommen sei.[127] Verfassungsrechtlich bestehen bei "Sonderbedarfen" bzw. bei einer Mitversorgung benachbarter kommunaler Körperschaften durch andere somit keine Bedenken gegen einen interkommunalen Lastenausgleich. Der Staat hat daneben seine Gesamtverantwortung für den Finanzausgleich, durch angemessene Zuweisung von Finanzmitteln, auch an die ausgleichspflichtigen Körperschaften, zu wahren.

Es erscheint heutzutage auch fraglich, ob sich die derzeitige Stadt-Umland-Problematik mit den Mitteln des "klassischen" kommunalen Finanzausgleichs allein überhaupt noch bewältigen ließe; diese Fragestellung gilt verstärkt für künftige Konfliktbereiche, etwa die anstehende Regionalisierung des Schienennahverkehrs.

c) Im Zuge der politischen Auseinandersetzungen, die eine Überprüfung des derzeitigen Systems des kommunalen Finanzausgleiches fordern, wurde in Bayern eine staatlich-kommunale Arbeitsgruppe "Kommunaler Finanzaus-

---

125 Zitiert bei *Schuppert/Dahrendorf*, Seite 80
126 BVerfGE 83, 363, 386 f.
127 BayVGH Urt. v.18.1.1989, BayVBl. 1989, 337

gleich" eingerichtet. Diese war der Meinung, daß die Klärung der **finanzaus-gleichsrelevanten Probleme zwischen Stadt und Umland** eine besonders vordringliche Aufgabe sei. Mit der entsprechenden Untersuchung wurde das Bayerische Staatsministerium für Landesentwicklung- und Umweltfragen beauftragt, das diese Untersuchung im Jahre 1992 vorgelegt hat.[128] Da die Schulstädte vor allem die kreisfreien Städte und hier vor allem die Großstädte sind, sind folgende, finanzrelevante Rahmendaten von Bedeutung: Zwar sind die kreisfreien Städte die dominierenden Zentren der Wirtschaft und Beschäftigung sowie der Einkommenserzielung. Allerdings nimmt ihre Einwohnerzahl ab und sie verfügen über die niedrigsten Wachstumsraten bei den Arbeitsplätzen. Ganz im Gegensatz hierzu zeichnen sich die Umlandkreise durch eine hohe Entwicklungsdynamik aus. Auf das Umland entfielen 70 % des Wanderungsgewinns des Landes Bayern. Im Umland aller kreisfreien Städte ist fast jeder zweite, im Umland der Großstädte fast jeder dritte in Bayern zusätzlich geschaffene Arbeitsplatz neu entstanden. Bei der Entwicklung der Löhne und Gehälter sowie der Wirtschaftskraft weist das Umland den größten prozentualen Zuwachs in Bayern auf.[129]

Bei den einzelnen Einnahmen bzw. Steuerarten ergibt sich das Bild, daß bei der für die kreisfreien Städte, insbesondere die Großstädte wichtigsten Steuerart, der *Gewerbesteuer*, trotz einer starken Anhebung der Hebesätze zwischen 1974 und 1989 die Zunahme der Gewerbesteuereinnahmen mit 121 % unter dem Landesdurchschnitt von 127 % lag. Im Gegensatz dazu sind im Umland der Großstädte die gesamten überdurchschnittlichen Mehreinnahmen von 160 % ausschließlich eine Folge der gestiegenen Gewerbesteuergrundbeträge und damit der starken gewerblichen Expansion im Umland der großen Städte.[130] Ein ähnliches Bild ergibt sich bei der *Einkommensteuer*, die der Wohnsitzgemeinde zufließt. Zwar haben - absolut gesehen - die kreisfreien Städte, insbesondere die Großstädte noch den höchsten Einkommensteueranteil je Einwohner. Die Zuwachsraten betragen aber bei den Umland-Landkreisen der Großstädte 170 %, im Umland der übrigen kreisfreien Städte 158 %, während sie bei den Großstädten nur 102 % betragen. Inzwischen haben die Gemeinden des Landkreises München mit 786,00 DM je Einwohner die Spitzenstellung vor der Landeshauptstadt München selbst (721,00 DM) auch absolut übernommen.[131] Demgegenüber bewirken die *Schlüsselzuwei-*

---

128 Finanzausgleichsrelevante Probleme zwischen Stadt und Umland. Eine Untersuchung des Bayerischen Staatsministeriums für Landesentwicklung und Umweltfragen, München 1992 (im folgenden: Untersuchung StMLU)

129 Untersuchung StMLU, S. 37

130 Untersuchung StMLU, S. 45

131 Untersuchung StMLU, S. 43

sungen nach dem FAG noch eine weitere Nivellierung der Finanzausstattung, wobei das gegenwärtige Ausgleichssystem nur funktioniert, wenn es darum geht, fehlende eigene Steuerkraft von Kommunen auszugleichen, es aber versagt, wenn finanzielle Spannungen abzubauen sind, die im Raum München etwa durch abundante Gemeinden verursacht werden.[132] Die allgemeinen Zuweisungen, die den Kommunen im Rahmen des Finanzausgleichs als frei verfügbare Mittel zufließen, fließen aufgrund des großen Gewichts der Schlüsselzuweisungen schwerpunktmäßig in das Umland der übrigen kreisfreien Städte und in den sonstigen ländlichen Raum.[133]

Interessant ist ferner die Untersuchung der bereinigten *Netto-Ausgaben* der kommunalen Verwaltungshaushalte. Im Untersuchungszeitraum (Durchschnitt der Jahre 1974 bis 76 bzw. Durchschnitt der Jahre 1987 bis 1989) sind bei den Großstädten die laufenden Netto-Ausgaben stärker gestiegen als die Einnahmen aus Steuern und allgemeinen Zuweisungen. Konsequenterweise ergibt sich eine negative - durch die Geldentwertung noch verstärkte - Tendenz bei der Zuführung zum Vermögenshaushalt insbesondere bei den Großstädten (Rückgang von 492 Mio. DM auf 364 Mio. DM). Auch in DM je Einwohner liegen die Großstädte und die kreisfreien Städte am Ende der Tabelle.[134] Im Umland der Großstädte sind die Zuführungsbeträge zum Vermögenshaushalt am höchsten, obwohl hier die Gemeinden die niedrigsten Hebesätze haben. Dies zeigt, daß die Finanzlage der Kommunen im Umland der Großstädte noch günstiger einzustufen ist, als es in den Haushaltszahlen zum Ausdruck kommt.[135]

Die Ausgaben für die Schulen machten in Bayern im Landesdurchschnitt 1987 bis 1989 15,9 % des Verwaltungshaushaltes aus.[136] Dies ist nach dem Aufgabenbereich "Soziale Sicherung" der Aufgabenbereich mit den zweithöchsten Ausgaben. Die Untersuchung des StMLU geht davon aus, daß im Umland der Großstädte zahlreiche weiterführende Schulen neu entstanden oder ausgebaut wurden, die dazu geführt hätten, daß die Inanspruchnahme städtischer Schulen insgesamt nicht mehr so stark sei wie früher. Hierzu fehlen allerdings empirische Daten. Es erscheine deshalb zweckmäßig, zu überprüfen, ob der Leistungsumfang bei den städtischen Schulen unverändert aufrechterhalten werden müsse und ob entsprechende Anpassungen möglich sei-

---

132 Untersuchung StMLU, S. 51 unten
133 Untersuchung StMLU, S. 55
134 Vgl. Untersuchung StMLU, Tabelle 16, S. 60
135 Untersuchung StMLU, S. 61.
136 ebenda, S. 69

en, um die derzeitigen Belastungen zu senken.[137] Die Untersuchung fährt dann fort:

"Um einen besseren Ausgleich bei den Schullasten zu erreichen, sollte außerdem geprüft werden, ob die derzeitigen Gastschülerbeiträge noch kostengerecht sind und ob auch hier ein besserer Interessenausgleich zwischen Stadt und Umland gefunden werden kann".[138]

Nachdem die Schulstädte gegenüber dem Landesdurchschnitt überproportionale Ausgaben für ihre Schulen haben, ist die finanzielle Bedeutung der Gastschülerbeiträge erheblich. Die Entwicklung der bereinigten Netto-Ausgaben für Schulen insgesamt zeigt sowohl absolut wie in DM je Einwohner die Spitzenstellung der kreisfreien Städte und der Großstädte. Die in der Untersuchung abgedruckte Tabelle[139] zeigt eine weit überdurchschnittliche Ausgabenbelastung je Einwohner der kreisfreien Städte, insbesondere der Großstädte. Auch im Hinblick auf die Veränderung zwischen 1974-76 und 1987 bis 1989 weist die Ausgabenbelastung je Einwohner bei den Großstädten und den übrigen kreisfreien Städten eine weit größere Steigerung auf als im Umland und im sonstigen ländlichen Raum. Nach Auffassung des Ministeriums hängt die unterschiedliche Lastenverteilung zum einen damit zusammen, daß im Bereich der weiterführenden allgemeinbildenden und beruflichen Schulen die Großstädte und die übrigen kreisfreien Städte zu einem erheblichen Teil das Umland mitversorgen. Zum anderen wirke sich auf die Höhe und Entwicklung der Belastungen auch die unterschiedliche Trägerschaft der Schulen aus. Bei den Kosten des Lehrpersonals werden bei kommunalen Schulen nur die Lehrpersonalzuschüsse gewährt, wogegen bei den staatlichen Schulen die Kosten für das Lehrpersonal ganz vom Staat getragen werden. Im Rahmen einer Sonderauswertung der Schulstatistik für das Jahr 1989 ist im Bericht die Bedeutung der kommunalen Trägerschaft erfaßt worden. Von den 769 weiterführenden *allgemeinbildenden* Schulen (insgesamt 403.000 Schüler) waren 78 Schulen mit 42.000 Schülern kommunal. Von den kommunalen Schulen hatten 68 mit rund 39.000 Schülern (91 %) ihren Standort in den kreisfreien Städten, in den Großstädten waren es allein 59 Schulen mit rund 34.000 Schülern (80 %). Eine noch stärkere Konzentration auf die kreisfreien Städte zeigt die Verteilung der *beruflichen* Schulen. Im Jahre 1989 gab es 1340 Schulen mit rund 411.000 Schülern, davon waren 535 Schulen staatlich (239.000 Schüler), 426 privat (36.000 Schüler) und 379 kommunal (135.000 Schüler). Davon hatten 261 kommunale Schulen mit rund 128.000 Schülern,

---

137 Wie dies geschehen soll, wird nicht näher ausgeführt.

138 ebenda Seite 67

139 Untersuchung StMLU, Tab. 3, Seite 76

also 95 %, den Standort in kreisfreien Städten, in den Großstädten allein waren es 91 % der Schüler. Mit rund 3.000 Schülern im Umland und rund 4.000 Schüler im sonstigen ländlichen Raum sind kommunale berufliche Schulen außerhalb der kreisfreien Städte nur von sehr geringer Bedeutung.[140] Es kann also objektiv festgestellt werden, daß das Umland im Schulbereich von den kreisfreien Städten außerordentlich stark profitiert.[141]

d) Im **Ergebnis** wird man als Folgerung der obigen Ausführungen den interkommunalen Finanzausgleich im engeren Sinne für bestimmte, sach- und gebietsbezogene Problemlösungen als "Entzerrungsmechanismus" für zulässig und geboten erachten müssen.

Diese Auffassung wird durch die *Entstehungsgeschichte* zum BaySchFG 1986 gestützt: Bereits bei der allgemeinen Beratung des Gesetzentwurfes der Staatsregierung im Ausschuß für kulturpolitische Fragen am 27.02.1986 wurde als Tendenz festgehalten, daß der allgemeine Finanzausgleich nicht die unterschiedlichen Belastungen der Kommunen aufgrund unterschiedlicher Gastschulverhältnisse abdecken könne.[142] Der Abgeordnete Otto Meyer wies darauf hin, daß in den letzten 10 Jahren die Finanzzuweisungen an die Kommunen Jahr für Jahr weit überproportional zum Anstieg des Staatshaushalts erhöht worden seien. Von einer nicht vertretbaren zusätzlichen Belastung der Kommunen könne jedenfalls nicht die Rede sein.[143] Hiergegen hat jedoch der Mitberichterstatter Messerer eingewandt, daß allein wegen der schlechten finanziellen Lage der Kommunen im letzten Jahrzehnt viele kommunale Schulen an den Staat abgegeben worden seien, nur noch 5 bayerische Kommunen unterhielten ein eigenes berufliches Schulwesen. Der Hinweis auf den allgemeinen kommunalen Finanzausgleich sei im Hinblick auf spezielle kommunale Aufgaben wie den Unterhalt von Schulen nicht angebracht.[144] Dieser Auffassung ist beizupflichten, zumal der Hinweis auf den angeblichen, überproportionalen Anstieg der Finanzzuweisungen keinesfalls auf die Schulstädte zutrifft, dies weder damals noch heute:

Die Untersuchung des StMLU, deren Daten als zuverlässig im Sinne einer Untergrenze der Belastungen der Städte übernommen werden können, zeigt im Bereich der Wahrnehmung zentralörtlicher Funktionen durch die Schulstädte deutliche finanzielle Verzerrungen auf, die zu Lasten dieser Städte ge-

---

140 Untersuchung StMLU, S. 76

141 Vgl. die aufschlußreiche Tabellenübersicht auf Seite 77 der Untersuchung des StMLU.

142 Mitberichterstatter Messerer, 110. Sitzung KU, Protokoll S. 6

143 Abgeordneter Otto Meyer, 110. Sitzung KU, Protokoll S. 11

144 110. Sitzung KU, 27.02.1986, Protokoll S. 15 f.

hen, wobei unter Umständen ein Ergänzungsbedarf hinsichtlich der kreisangehörigen Mittelpunktgemeinden besteht,[145] die zum Teil ebenfalls als Schulstädte im Sinne der Gastschülerproblematik aufzufassen sein dürften. Es
scheint mehr als fraglich, ob die festgestellten Verzerrungen im regulären Finanzausgleich selbst ausgeglichen werden können, weil hier das Aufkommen
der kreisfreien Städte und der Großstädte ebenfalls erheblich "nachhinkt". Es
wird an dieser Stelle darauf verzichtet, die Berechnung der Ausgangsmeßzahl
nach veredelten Einwohnerzahlen (Art. 3 Abs. 1 FAG) und die Probleme einer breiteren Spreizung des Hauptansatzes näher zu erörtern. Daß für zentrale
und nicht zentrale Orte unterschiedliche Meßzahlen gefunden werden müssen,
ist im Schrifttum[146] unbestritten. Es geht in der Debatte in erster Linie darum, eine Annäherung des gegenwärtigen Hauptansatzes (100 zu 146) an die
Spreizung vor der Gebietsreform (100 zu 231) zu finden. Es besteht aber offensichtlich ein Handlungsbedarf dahingehend, daß für Sonderbelastungen
zentralörtlicher Kommunen, insbesondere auch im Bereich der Gastschüler,
besondere Ausgleichsregelungen zu treffen sind, wobei dahingestellt bleiben
kann, ob diese im FAG selbst oder in den ensprechenden Sondergesetzen geregelt werden sollten. Juristische Bedenken gegen eine Regelung im SchFG
bestehen aber nicht.

---

145 Vgl. hierzu bereits *Küffmann*, Zur Finanzlage der Mittelstädte mit zentralörtlichen Aufgaben, Der Gemeindehaushalt 1972, S. 1 ff.

146 Vgl. nur *Münstermann*, Die Berücksichtigung zentralörtlicher Funktionen im kommunalen
Finanzausgleich, 1975: *Pohmer* (Hrsg.), Probleme des Finanzausgleiches, Band I und II
(1980); *Michael Reidenbach*, Stadt und Umland im Finanzausgleich, Berlin 1983; *Vogel*
DÖV 1984, S. 541 f. zu den (privaten) Ersatzschulen; *Grawert*, Die Kommunen im Finanzausgleich, 1989

IV. Die Verschränkung der verfassungsrechtlichen Ebene mit dem geltenden Schulfinanzierungsrecht in Bayern

Der bisherige Gang der Untersuchung hat gezeigt, daß die verfassungsrechtlichen Bestimmungen zwar einen Rahmen, aber in Bezug auf die Gastschüler kein bestimmtes Finanzierungsmodell und keine bestimmte Finanzierungshöhe vorgeben, sondern dem Gesetzgeber hier einen Spielraum lassen. Der Gesetzgeber muß zwar den Staat bei der angemessenen Kostentragung für die kommunalen Schulen in die Pflicht nehmen; bei der Angemessenheit kann jedoch nicht nur auf die Einzelregelung, etwa der staatlichen Gastschülerzuschüsse, abgestellt werden, sondern es muß die sehr komplexe Regelung des Schulfinanzierungsrechts insgesamt untersucht werden. Dies geschieht im folgenden unter zwei weiteren Aspekten: Zum einen wird untersucht, ob der Gesetzgeber in Bayern einem - evtl. verfassungsrechtlich vorgegebenen - Regelungsauftrag bezüglich des Schulfinanzierungsrechts tatsächlich nachgekommen ist (unten 1.); zum zweiten wird untersucht, ob die gefundene Regelung im BaySchFG 1986 dem Gebot der Systemrichtigkeit gerecht wird (unten 3.). Informatorisch wird die Schulfinanzierung in anderen Bundesländern referiert (unten 2.). Zur Herstellung des erforderlichen Gesamtbildes gehört auch die Wiedergabe der parlamentarischen Diskussion über die Lehrpersonalzuschüsse bei den Beratungen zum BaySchFG 1986 (unten 4.). Einer Wiedergabe der sonst noch interessierenden parlamentarischen Beratungen zum BaySchFG in den Ausschüssen und im Plenum (unter 5.) schließt sich eine zusammenfassende Bewertung des geltenden Systems der Schulfinanzierung in Bayern unter besonderer Berücksichtigung der Gastschülerproblematik an (unten 6.).

1. "Wesentlichkeitslehre" des BVerfG und Schulfinanzierung

Trotz kritischer Stimmen in der Literatur[147] kommt man an der vom Bundesverfassungsgericht entwickelten und vom Bundesverwaltungsgericht inzwischen übernommenen Wesentlichkeitstheorie nicht vorbei. Danach sollte der Gesetzesvorbehalt von seiner demokratisch-rechtstaatlichen Funktion her auf ein neues Fundament gestellt und von daher hinsichtlich seines Umfangs und seiner Reichweite neu bestimmt werden.[148] Gerade im Schulwesen hat die Wesentlichkeitstheorie unter dem Aspekt des Vorbehalts des Gesetzes weitreichende Änderungen bewirkt ("Verrechtlichung"). Allerdings stand

---

147 Vgl. sehr prägnant *Kloepfer*, Wesentlichkeitstheorie als Begründung oder Grenze des Gesetzesvorbehalts?, in: *Hill* (Hrsg.), Zustand und Perspektiven der Gesetzgebung, 1989, Seite 187 ff.

148 *Kloepfer* a.a.O., Seite 189 mit allen Nachweisen in Fußnote 9

etwa bei der Speyer-Kolleg-Entscheidung[149], der Schulentlassungs-[150] oder der Entscheidung zum Sexualkunde-Unterricht[151] ersichtlich der Schutz der Grundrechte im Vordergrund. Gleichwohl ist, soweit ich sehe, bislang niemals ernstlich in Zweifel gezogen worden, daß die Schulfinanzierung nicht nur der Privatschulen, sondern auch der kommunalen Schulen "wesentlich" ist, so daß es nach einhelliger Auffassung zu den Aufgaben des Parlaments gehört, "die Verantwortungsbereiche zwischen dem Staat und den (kommunalen) Schulträgern abzugrenzen und die *Schulfinanzierung* zu regeln"[152]; dies liegt auf der Hand, wenn man bedenkt, daß etwa 1986 ein Sechstel des Bayerischen Staatshaushaltes für Schulen eingesetzt wurde[153] und die Ausgaben für Schulen im Landesdurchschnitt der Kommunen 15,9 % des Verwaltungshaushaltes ausmachen.[154]

Der bayerische Gesetzgeber hat mit dem BaySchFG n.F. aus dem Jahre 1986 den Regelungsauftrag zur Schulfinanzierung auch nichtstaatlicher Schulen, den er kraft Verfassungsrechts hat (siehe oben II.2.a)cc)), erfüllen wollen. Der Gesetzesentwurf der Staatsregierung vom 06.11.1985[155] sollte zum einen eine *Vereinheitlichung* und *Vereinfachung* des Verwaltungsvollzuges mit sich bringen. Zuvor war die Finanzierung der öffentlichen und privaten Schulen und die Leistungen, mit denen der Besuch der Schulen gefördert wird, in 8 verschiedenen Gesetzen geregelt. Die Verwaltungsvereinfachung sollte sich auch auf das Gastschulbeitragsrecht beziehen.[156] Das System des dann beschlossenen finanziellen Schullastenausgleiches ist auch im BaySchFG n.F. noch außerordentlich komplex und vielschichtig. Der Schullastenausgleich wird nach *Schularten* und nach *Schulträgern* differenziert. Die gesetzessystematische Unterscheidung in "Staatliche Schulen" (Art. 6 ff. SchFG) und "Kommunale Schulen" (Art. 15 ff. SchFG) findet aber keine konsequente Fortsetzung bezüglich des "Gastschülerkostenausgleichs"; es ist naheliegend, daß hier eine weitere Differenzierung erforderlich wäre, je nach dem, welche Körperschaft die *Personalkosten* für das Lehrpersonal zu tragen hat.

Man kann die Regelung der Schulfinanzierung im Bayerischen Schulfinanzierungsgesetz insgesamt als eine gesetzliche Vollregelung bezeichnen, so

---

149 BVerfGE 41, 251 ff.

150 BVerfGE 58, 257 ff.

151 BVerfGE 47, 46 ff.

152 *Heckel/Avenarius*, Schulrechtskunde, S. 172

153 *Bernd Becker*, BayEUG, 3. Auflage 1985, Vorbemerkung 1.

154 S. oben III. 4 b), cc).

155 BayLT Drs. 10/8257; vgl. hierzu schon Sen-Drs. 113/85 vom 25.06.1985

156 Vgl. hierzu bereits *Memminger/Nowak*, BayVBl 1975, 470 ff.

daß die Anforderungen, die das Bundesverfassungsgericht im Rahmen seiner Wesentlichkeitslehre stellt, erfüllt sind. An dieser Beurteilung ändert sich auch dadurch nichts, daß in der Verordnung zur Ausführung des BaySchFG vom 04.05.1987[157] insbesondere die näheren Modalitäten zu den Gastschülerbeiträgen, zum Kostenersatz und zu den Gastschülerzuschüssen als Ausführungsvorschrift zu Art. 10, 19, 53 Satz 2 Nr. 1 BaySchFG geregelt sind, insbesondere dort die Pauschalbeträge festgesetzt werden. Inwiefern die Verordnung den Bestimmtheitsanforderungen des Art. 80 Abs. 1 Satz 2 GG genügt, wird noch untersucht werden. Hiervon zu unterscheiden ist aber die Frage der Erfüllung der Anforderungen der Wesentlichkeitstheorie.[158] Das Gesetz selbst muß auch nach dieser Lehre nicht schlechthin alles regeln.

2. Die Schulfinanzierung in anderen Bundesländern (Übersicht)

Schulen sind sehr personalintensiv und deshalb ist der *Personalaufwand* entsprechend hoch und macht einen Hauptanteil der Ausgaben aus. In Bayern stellt Art. 15 BaySchFG den Grundsatz auf, wonach die kommunale Körperschaft, die Dienstherr des Lehrpersonals ist, den Personalaufwand und den Schulaufwand trägt. Der Staat gewährt für kommunale Schulen einen Zuschuß zum Lehrpersonalaufwand (Lehrpersonalzuschuß, Art. 16 bis 18 BaySchFG).

Es wird bei den Lehrpersonalzuschüssen differenziert zwischen den beruflichen Schulen einerseits (Art. 18), den Gymnasien, Realschulen und Schulen des zweiten Bildungswegs andererseits (Art. 17). Hierbei werden die beruflichen Schulen bessergestellt.[159]

Im Unterschied zu Bayern sind in den meisten anderen (alten) Bundesländern die Lehrer der kommunalen Schulen *Landesbeamte*[160] mit der Konsequenz, daß sämtliche Personalkosten der Lehrer von den Ländern übernommen werden. Damit unterscheidet sich die Schulfinanzierung in diesen Bun-

---

157 GVBl S. 127, BayRS 2230-7-1-1-k

158 Allerdings hat das BVerfG bislang das Verhältnis zwischen Wesentlichkeitstheorie und dem allgemeinen rechtsstaatlichen Bestimmtheitsgebot nicht hinreichend geklärt, vgl. *Kloepfer*, Gesetzesvorbehalt und Wesentlichkeitstheorie aaO. Seite 193 m.w.N.

159 In Bayern betragen die Lehrpersonalzuschüsse im günstigsten Fall 70 % (bei Berufsschulen), im ungünstigsten Fall 50 % (bei Fachschulen), wobei auch nicht der konkrete Aufwand abgerechnet, sondern eine vereinfachte und reduzierte Bemessungsgrundlage herangezogen wird, die nach dem Vorbringen der Schulstädte die Personalkosten nicht annähernd abdeckt [vgl. unten VI.).

160 Vgl. *Püttner*, Schulrecht in: *Achterberg/Püttner* (Hrsg.), Besonders Verwaltungsrecht Band I (1990), Seite 781; *Heckel/Avenarius*, Schulrechtskunde, 6. Auflage 1986, Seite 114 ff

desländern bereits grundsätzlich von der Schulfinanzierung in Bayern. Die neuen Bundesländer werden bei diesem Vergleich noch nicht berücksichtigt.

Im Stadtstaat *Bremen* sind zwar die Stadtgemeinden Bremen und Bremerhaven Schulträger der in ihrem Gebiet gelegenen Schulen (§ 4 SchVG), das Land gewährt jedoch zusätzlich zu den allgemeinen Schlüsselzuweisungen besondere Zuweisungen nach Maßgabe des Landeshaushalts, unter anderem in Höhe von 95 % der Personalausgaben für die Lehrer.[161] In *Nordrhein-Westfalen* sind alle Lehrer - mit Ausnahme der Lehrer an Kammerschulen - Landesbeamte. Das Land erstattet jedoch auch den Trägern von Kammerschulen die Personalausgaben für ihre Lehrer vollständig.[162]

In *Rheinland-Pfalz* können rein kommunale Schulen nur als berufliche Vollzeitschulen errichtet werden. Alle anderen Lehrer sind Landesbeamte und werden vom Land bezahlt.[163]

In *Schleswig-Holstein* sind die Lehrkräfte mit Ausnahme der Lehrkräfte an landwirtschaftlichen Berufsfachschulen und Fachschulen in der Trägerschaft der Landwirtschaftskammer Landesbeamte. Das Land erstattet jedoch der Landwirtschaftskammer die Personalkosten der Lehrkräfte der von ihr betriebenen landwirtschaftlichen Berufsfachschulen und Fachschulen.

In allen *übrigen Bundesländern* werden die Lehrer an den kommunalen Schulen ausnahmslos durch das Land bezahlt.

Als Fazit ist festzustellen, daß bezüglich der Personalkosten des Lehrpersonals an kommunalen Schulen in Bayern im Vergleich zu den anderen alten Bundesländern die ungünstigste Regelung für die Kommunen besteht.

Auch bezüglich der Kosten des nichtlehrenden Personals steht Bayern keinesfalls besser da.[164]

3. Systemrichtigkeit des BaySchFG? - Zur Zweigleisigkeit von Gastschülerbeiträgen und Gastschülerzuschüssen

a) Ein weiteres **Problem**, welches verfassungsrechtlich unter dem Aspekt des Gleichheitssatzes erfaßt werden kann, ist das Problem der Systemrichtig-

---

161 Vgl. §§ 1 und 4 des Gesetzes über Finanzzuweisungen an die Stadtgemeinden Bremen und Bremerhaven in der Fassung vom 24.11.1978 (GBl Seite 239); *Heckel/Avenarius*, Seite 117

162 *Heckel/Avenarius*, Seite 120; vgl. Schulfinanzgesetz in der Fassung vom 26.06.1984 (GV Seite 370, 372)

163 Vgl. hierzu *Heckel/Avenarius*, Seite 121 und die dort angegebenen gesetzlichen Vorschriften

164 Vgl. *Heckel/Avenarius*, Seite 112

keit der getroffenen Regelungen. Die Systemwidrigkeit einer Regelung kann einen Verstoß gegen den Gleichheitssatz indizieren.[165] Der Gleichheitssatz beansprucht objektiv auch Geltung für die Beziehungen innerhalb des hoheitlichen Staatsaufbaus, also auch im Verhältnis zwischen Staat und Gemeinden bzw. Gemeindeverbänden.[166] Das *Bundesverfassungsgericht* hat in der Rentenentscheidung Systemwidrigkeit als Verletzung einer vom Gesetz selbst statuierten Sachgesetzlichkeit definiert. Gründe für die Durchbrechung des einmal gewählten Ordnungsprinzipes müssen, "um überzeugend zu sein, in ihrem Gewicht der Intensität der Abweichung von der zugrundegelegten Ordnung entsprechen (vgl. BVerfGE 13, 331, 340; 15, 313, 318; 18, 366, 372 f; 20, 374, 377)".[167] Die Systemwidrigkeit verstößt für sich alleine nicht gegen Art. 3 Abs. 1 GG. Nach welchem System der Gesetzgeber eine Materie ordnen will, obliegt, ebenso wie die Zweckmäßigkeit einer Regelung, seiner Entscheidung; das BVerfG kann eine solche Regelung nur nach den Maßstäben der Verfassung (also nach Art. 3 GG, d. Verf.), nicht aber unter dem Gesichtspunkt der Systemgerechtigkeit für verfassungswidrig erklären.[168] In der *Literatur*[169] werden allerdings weitergehende Anforderungen an die Systemgerechtigkeit gestellt. Zum einen bestehe ein Wechselbezug von Verfassungsrecht und Gesetzesrecht, welcher Systemrichtigkeit erzwingen könne. Im konkreten Fall kann dieser darin liegen, daß die Bayerische Verfassung in Art. 133 Abs. 1 BV nur von einer Zusammenarbeit zwischen Staat und *Gemeinden* (und nicht zwischen Staat und Gemeindeverbänden) spricht und durch Eintreten eines Zeitmomentes eine Selbstbindung des Gesetzgebers eingetreten sein könnte, und zwar in Bezug auf die kontinuierliche (frühere) *staatliche* Bezuschussung in der Höhe von 250,00 DM jährlich (sogenannte Gastschülerzuschüsse). Unter dem Aspekt der Systemgerechtigkeit ist noch das Verbot eines "Systems der Systemlosigkeit" interessant[170] und schließlich das Gebot einer klaren Konzeption, der Bindung an vorgegebene Sachstrukturen.[171] Unter diesem Blickwinkel wird die Entstehungsgeschichte zum BaySchFG und der Wandel der gesetzgeberischen Vorstellungen einer kritischen Überprüfung unterzogen.

---

165 BVerfGE 59, 36, 49 - Rentenentscheidung - m.w.Nw.

166 BVerfGE 76, 130, 139 unter Hinweis auf BVerfGE 23, 12, 24 m.w.Nw.

167 BVerfGE 59, 36, 49 - Rentenentscheidung -

168 BVerfGE 59, 36, 49

169 Vgl. *Franz-Joseph Peine*, Systemgerechtigkeit. Die Selbstbindung des Gesetzgebers als Maßstab der Normenkontrolle, 1985

170 Vgl. *Christoph Degenhart*, Systemgerechtigkeit und Selbstbindung des Gesetzgebers als Verfassungspostulat, 1976, Seite 112

171 Vgl. *Degenhart*, Seite 113 Fußnote 633

b) Betrachtet man die **Entstehungsgeschichte** des BaySchFG 1986, so sah der Gesetzentwurf der *Staatsregierung* den vollständigen Wegfall der staatlichen Gastschülerzuschüsse vor.[172] Er sah in Art. 10, der "Gastschülerbeiträge, Kostenersatz" überschrieben war, lediglich den interkommunalen Ausgleich über Gastschülerbeiträge vor. Dieser Wegfall hätte die Einnahmen der Schulstädte gegenüber dem Ist des Haushaltsjahres Jahres 1985 um 15,8 Millionen DM gemindert. Die Staatsregierung hatte den Wegfall u.a. damit zu rechtfertigen versucht, daß die Finanzausstattung der Kommunen durch das FAG verbessert worden sei. In der Begründung des Gesetzentwurfs der Staatsregierung heißt es dann: "Die Gastschülerbeiträge ermöglichen dem kommunalen Aufwandsträger einen Ausgleich der Kosten für Schüler, die ihren gewöhnlichen Aufenthalt außerhalb des Sprengels oder des sonstigen Gebietes des Aufwandsträgers der besuchten Schule haben; bei Berufsschulen begründet auch ein Beschäftigungsort außerhalb des Sprengels die Gastschülereigenschaft".[173] Zur beabsichtigten Abschaffung des staatlichen Gastschülerzuschusses heißt es: "Da mit den Gastschülerbeiträgen die mit einem Gastschüler verbundenen Lasten bereits interkommunal berücksichtigt werden, besteht keine zwingende Notwendigkeit, für solche Schüler einen weiteren staatlichen Beitrag zu leisten. Im Staatshaushalt waren dafür 1984 18,2 Millionen DM (Istausgabe 1984: 15,78 Millionen DM) ausgewiesen. Insoweit werden die kommunalen Einnahmen entsprechend gemindert. Allerdings werden andererseits die Lehrpersonalzuschüsse für kommunale Schulen spürbar angehoben (vgl. Art. 16 ff.)".[174] Bei den Lehrpersonalzuschüssen zu Art. 16 ist ausgeführt: "Mit der Beibehaltung des jetzigen Zuschußsystems und der *Erhöhung* des Fördersatzes von 60 auf 62 v.H. wird erreicht, daß nicht nur der derzeitige Besitzstand gewahrt ist, sondern jede einzelne kommunale Schule eine höhere Förderung als nach der bisherigen Rechtslage erhält".[175]

Diese gesetzgeberische Intention gilt es festzuhalten.[176]

Der im Gesetzesentwurf vorgesehene völlige Wegfall führte im Land zu rechtlicher Bewegung. Bereits die Beschlußempfehlung (gutachtliche Stellungnahme) der 3 zuständigen Ausschüsse des Bayerischen *Senats* "bedauert", daß der Gesetzesentwurf im wesentlichen "kostenneutral" gestaltet wurde und die erstrebte Vereinheitlichung deshalb nur ansatzweise realisiert werden konnte. Der Senat hebt ausdrücklich hervor, daß er "allerdings bei seinen Be-

---

172 Gesetzentwurf, Sen - Drucksache 113/85 vom 25.06.1985, Seite 1

173 LT-Drucksache 10/8257 vom 06.11.1985, S. 17.

174 Drucksache a.a.O., S. 17 f.

175 Drucksache 10/8257, S. 18.

176 Zur vergleichbaren Begründung des (alten) SchFG von 1962 vgl. oben III.2.

ratungen von steigender Belastung kommunaler Rechtsträger und von der drückenden finanziellen Lage vieler freier Träger Kenntnis genommen" habe.[177] Der Bayerische Senat hat dann auch bereits am 24.10.1985 einen entsprechenden Beschluß gefaßt und sich für die Beibehaltung der staatlichen Gastschülerzuschüsse ausgesprochen. Im übrigen kommt in dem Beschluß auch bereits der Gedanke zum Ausdruck, daß im Interesse der Verwaltungsvereinfachung für die Berechnung der Gastschülerbeiträge Pauschalen durch das Staatsministerium für Unterricht und Kultus festzusetzen seien.[178] Die *Staatsregierung* griff in ihrer "Unterrichtung" zwar die Empfehlung des Senats auf, die Pauschalierung von Gastschülerbeiträgen in Art. 53 Satz 2 Nr. 1 des Entwurfes zu berücksichtigen, verteidigte aber ihre Absicht, die staatlichen Gastschülerzuschüsse gänzlich abzuschaffen. Die Abschaffung der Gastschülerzuschüsse stelle eine Bereinigung des Systems der Schulfinanzierung dar. Nach ihrer Einführung im Jahre 1962 hätten sie sich "zu einem systemwidrigen Zuschuß zum Schulaufwand" entwickelt, der grundsätzlich von einer kommunalen Körperschaft zu tragen sei.[179]

Der Gesetzesentwurf der Staatsregierung wurde dann in den Bayerischen Landtag eingebracht, ohne staatliche Gastschülerzuschüsse vorzusehen[180].

In den *Ausschüssen* wurde die Frage kontrovers diskutiert. Die SPD plädierte im *kulturpolitischen Ausschuß* dafür, die Gastschülerzuschüsse unverändert (in Höhe von DM 250,00) beizubehalten. Die CSU-Fraktion hat sich dann nach Angaben des Berichterstatters Dr. Matschl in vielen Gesprächen überzeugen lassen, daß bei einer Reihe von Kommunen über das ganze Land hin der völlige Wegfall zu beträchtlichen Härten führen würde. Das sei schon im Senat von Bedeutung gewesen und habe auch in vielen Eingaben bayerischer Städte eine große Rolle gespielt. Daher habe sich die CSU-Fraktion nach langen Beratungen entschlossen, den Gastschülerzuschuß fortzahlen zu lassen, allerdings nicht in der vollen Höhe von DM 250,--, sondern in der Höhe von DM 100,-- pro Gastschüler. Dieser verminderte Zuschuß verursache gegenüber der im Gesetzesentwurf vorgesehenen Regelung Mehrkosten von 6,3 Millionen DM. Die Zahlung der Gastschülerzuschüsse sei im Zusam-

---

177 Beschlußempfehlung des Finanz- und Haushaltsausschusses, des Ausschusses für Kulturpolitik und des Rechts- und Verfassungsausschusses vom 17.10.1985, Sen - Drucksache 183/85 vom 17.10.1985, Seite 1.

178 Beschluß des Bayerischen Senats vom 24.10.1985, Sen - Drucksache 192/85, Seite 2 (hier Ziff. 6).

179 Unterrichtung durch die Bayerische Staatsregierung vom 06.11.1985, Sen - Drucksache 210/85, Seite 2 unter II.6/7

180 Gesetzesentwurf der Staatsregierung Drucksache 10/8257 des Bayerischen Landtags vom 06.11.1985

menhang mit Nr. 3 des CSU-Änderungsantrages zu sehen, wonach zur Kompensation in Art. 17 die Lehrpersonalzuschüsse nicht, wie im Gesetzesentwurf vorgesehen, 62 %, sondern, wie es der bisherigen Rechtslage entspreche, 60 % betragen sollten. Dadurch würden 4,6 Millionen DM eingespart.[181]

Auch die Beratungen im Ausschuß für *Staatshaushalt und Finanzfragen* stehen ganz im Zeichen der errechneten Mehraufwendungen. Die CSU-Fraktion legte sich dahingehend fest, im Gegensatz zur Staatsregierung den Gastschülerzuschuß nicht völlig entfallen lassen zu wollen. Zwar sei die Berechtigung des Arguments, die Mehraufwendungen durch die Aufnahme von Gastschülern seien im Grunde durch den Gastschülerbeitrag im interkommunalen Finanzausgleich gedeckt, nicht zu bestreiten; gleichwohl sollten die Gastschülerzuschüsse als zusätzliche Leistungen des Staates nicht völlig wegfallen. Die CSU-Fraktion schlage vor, sie von bisher 250,00 DM pro Schüler und Jahr auf 100,00 DM zu reduzieren. Das bedeute immer noch Aufwendungen in Höhe von 6,3 Mio. DM.[182] Die SPD-Fraktion erhob in ihrem Änderungsantrag die Forderung, den Gastschülerzuschuß wieder auf 250,00 DM festzusetzen. Berichterstatter Maurer sprach sich aus finanziellen Gründen für eine Ablehnung dieses Antrages aus. Die Staatsregierung habe die Gastschülerzuschüsse zunächst ganz wegfallen lassen wollen, und nunmehr sei es zu ihrer teilweisen Wiedereinführung gekommen. Über diese Frage sei bereits zu Beginn der Beratung ausführlich gesprochen worden.[183] Abgeordneter Loew (SPD) wies darauf hin, die Begründung der Staatsregierung, durch die Gastschülerbeiträge würden alle Kosten des gastgebenden Schulträgers gedeckt, weshalb ein staatlicher Zuschuß nicht mehr notwendig sei, sei sachlich nicht richtig. Dem gastgebenden Schulträger entstehen nämlich eine Fülle von Kosten, die nicht in die Gastschülerbeiträge eingerechnet würden, insbesondere die kalkulatorischen Kosten für die Erstellung eines Schulgebäudes.[184]

Die Forderung, auch kalkulatorische Kosten einzubeziehen, wurde vom Berichterstatter Maurer zurückgewiesen: "Der Forderung, auch die Baukosten zu berücksichtigen, sei entgegenzuhalten, daß die Gemeinde die Schule nicht für die Gastschüler, sondern für ihre eigenen Schüler baue. Der Mehr-

---

181 Vgl. 111. Sitzung KU, 05.03.1986, Protokoll S. 22 f.

182 161. Sitzung des Ausschusses für Staatshaushalt und Finanzfragen (HA), Protokoll S. 3 (Berichterstatter Maurer).

183 Abgeordneter Maurer, 161. Sitzung HA, Protokoll S. 19

184 Abgeordneter Loew, 161. Sitzung HA, Protokoll S. 19 f.

aufwand, der dann durch die Gastschüler entstehe, werde durch den Gastschülerbeitrag abgedeckt".[185]

Von Vertretern des Ministeriums wird wiederholt darauf aufmerksam gemacht, daß die Parallelität von Gastschülerzuschuß und Gastschülerbeiträgen
"systematisch etwas unsauber" sei;[186] die Gastschülerzuschüsse seien eigentlich ein unsystematischer Zuschuß des Staates zum Sachaufwand und dieser
obliege den Kommunen. Die Staatsregierung habe das neue Schulfinanzierungsgesetz dazu nutzen wollen, diese Ungereimtheiten abzuschaffen. Einem
Weniger an Gastschülerzuschüssen stünde bei vielen Städten ein Mehr an erhöhten Lehrpersonalzuschüssen gegenüber. Bei einzelnen Städten sei es durch
den Wegfall der Gastschülerzuschüsse zu gewissen Härten gekommen und
diese Härten sollten nun dadurch ausgeglichen werden, daß die Gastschülerzuschüsse nicht ganz gestrichen würden, sondern in der Höhe von DM 100,--
beibehalten würden.[187] Von Berichterstatter Maurer wurde die Auffassung
vertreten, der Gastschülerzuschuß sei gar nicht zu dem Zweck eingeführt
worden, das auszugleichen, was durch den Gastschülerbeitrag nicht abgedeckt
sei.[188] Mit den Stimmen der CSU gegen die Stimmen der SPD wurden dann
die Änderungsanträge der SPD-Fraktion zu Art. 10 BaySchFG abgelehnt, die
auf eine völlige Wiederherstellung des früheren Gastschülerzuschusses (DM
250,--) hinausliefen.[189] Staatsminister Maier akzeptierte dann die vom Landtag beschlossene Wiedereinführung des Gastschülerzuschusses in Höhe von
DM 100,00 mit dem Argument, diese sei geeignet, Härten in Einzelfällen zu
vermeiden.[190]

Das mehrfach wiederholte Argument der Systemwidrigkeit kann nicht
überzeugen, da zum einen Gastschülerzuschüsse und (laufender) Schulaufwand nicht den gleichen Problemkreis betreffen und zum anderen der Staat
von Verfassungs wegen verpflichtet ist, an der Finanzierung der kommunalen
Schulen mitzuwirken (vgl. oben II. 2. a), cc)). Im übrigen geht aus der
Drucksache eindeutig hervor, daß vor allem aus finanzpolitischen Gründen
die Begrenzung eines (immerhin angenommenen) Mehraufwandes des Staates
angestrebt wurde.

---

185 161. Sitzung HA vom 06.05.1986, Protokoll S. 24.

186 161. Sitzung HA, LMR Falckenberg, Protokoll S. 20.

187 161. Sitzung HA, MR Kühn, Protokoll S. 22 f.

188 161. Sitzung HA, Protokoll S. 23.

189 162. Sitzung HA vom 07.05.1986, Protokoll S. 23.

190 Plenarprotokoll 10/109 vom 12.06.1986, S. 6821

c) **Zusammenfassend** können die Erwägungen des Gesetzgebers, die schließlich zu der bestehenden Regelung einer Zweigleisigkeit von Gastschülerbeiträgen und Gastschülerzuschüssen geführt haben, nicht als "System der Systemlosigkeit" gekennzeichnet werden. Zwar zeigte sich im Verlaufe der Beratungen ein politisch bedingter Wechsel der Systemebenen in einem Teilbereich der Schulfinanzierung (staatliche Zuschüsse/interkommunaler Finanzausgleich); allein ausschlaggebend war aber offenbar das finanzpolitisch und haushaltspolitisch insgesamt darstellbare Ergebnis. Der Gesetzgeber kann solche Überlegungen legitimer Weise auch zu einem Systemwechsel heranziehen. Nicht überzeugend ist die anfängliche Argumentation des Staatsministeriums, die Gastschülerzuschüsse seien ein "unsystematischer" Zuschuß des Staates zum Sachaufwand. Bei Gastschüleranteilen von über 15 bzw. 25 % bis über 65 % (Würzburg, Bamberg) liegt es auf der Hand, daß auch die Personalkosten und ggfs. auch Raumkosten durch die Aufnahme von Gastschülern steigen können. Der staatliche Zuschuß ist ja auch nicht an bestimmte, ausscheidbare Sachaufwendungen gekoppelt.

Nachdem das System der interkommunalen Gastschülerbeiträge je nach Schulart unterschiedlich ausgestaltet ist und die Abrechnung teilweise an die einzelne Schule gekoppelt wird (Berufsschulen), teilweise an Schularten, ist das im Laufe der Beratungen immer stärker vorgetragene Argument, es handele sich beim Gastschülerzuschuß eigentlich um einen Härteausgleich für *einzelne*, besonders betroffene Städte bzw. Schulen, sachlich wohl richtig. Die finanzielle Bedeutung des Gastschülerzuschusses darf allerdings nicht überschätzt werden. Entscheidend für die angemessene Finanzierung der kommunalen Schulen muß letztlich das angemessene Gesamtergebnis sein. Wenn sich der Staat z.B. stärker am Personalaufwand beteiligen würde, so wäre dies eine Beteiligung an der Finanzierung, die verfassungsrechtlich nicht zu beanstanden wäre. Die frühere, höhere Gewährung des Gastschülerzuschusses hat den Gesetzgeber insoweit noch nicht in einem Maße festgelegt, das eine Änderung der Schulfinanzierung in diesem Teilsystem ausschlösse. Ergänzend werden daher jetzt noch die parlamentarischen Beratungen über die Lehrpersonalzuschüsse wiedergegeben.

4. Die Beratungen im Landtag über die Lehrpersonalzuschüsse

Die (allerdings moderate) Verbesserung der finanziellen Förderung der kommunalen Schulen sollte nach dem Entwurf der Staatsregierung[191] zum BaySchFG 1986 vor allem durch eine Erhöhung des Fördersatzes von 60 % auf 62 % für Realschulen, Gymnasien und Schulen des 2. Bildungsweges er-

---

191 Vgl. Art. 17 i.d.F. der Drucksache LT 10/8257.

reicht werden. Bei der Einordnung der Lehrpersonalzuschüsse ist festzuhalten, daß es sich bei dem zu Grunde liegenden "Lehrpersonalaufwand" um eine pauschalierende Feststellung handelt, also nicht die tatsächlichen Kosten "spitz" abgerechnet werden. Insbesondere umstritten in den Beratungen waren die Höhe des Fördersatzes, die Zugrundelegung der pauschalierten Dienstalterstufe und einige andere Detailprobleme. In der 111. Sitzung des *Kulturausschusses* trug der Mitberichterstatter Messerer (SPD) vor,[192] die Kommunen verlangten anstatt der pauschalierten Erstattung eine spitze Abrechnung in Höhe von 60 % der *tatsächlich* entstandenen Kosten. Ihm persönlich sei diese Forderung sympatisch, weil diese Regelung eine genaue Kalkulation auch für die nächsten Jahre ermöglichen würde. Die derzeitige Regelung, die der Gesetzesentwurf festschreiben wolle, werde die Situation von Jahr zu Jahr verschärfen. Die SPD habe sich diese Forderung aber nicht zu eigen gemacht, weil sich das Problem auch anders auffangen lasse, nämlich so, wie sie es in Nr. 11 ihres Änderungsantrages[193] verlange. In allen Eingaben sei schlüssig nachgewiesen, daß die im Gesetzesentwurf als fiktive Berechnungsgrundlage eingegebene 9. Dienstalterstufe schon längst nicht mehr der Realität (d.h. der Altersstruktur der Lehrerschaft) gerecht werde. Nach den Darlegungen des Bayerischen Städtetages müsse man bereits von der 12. Dienstalterstufe ausgehen. Der Senat empfehle, die 10. Dienstaltersstufe anzusetzen. Dies zöge eine Kostenerhöhung um DM 23.000.000,-- nach sich. Die SPD beantragte ein Erhöhung des pauschalen Fördersatzes auf 80 % und die Zugrundelegung der 10. Dienstalterstufe (sowie eine Einbeziehung eines erhöhten Ortszuschlages in die Berechnung). Von der CSU wurde der SPD-Änderungsantrag abgelehnt, weil er DM 41.000.000,-- Mehrkosten verursachen würde. An diese Größenordnung könne man nicht herangehen, wenn man nicht alles aufs Spiel setzen wolle, was sich die CSU mit dem Gesetzesentwurf vorgenommen habe.[194] Zum Antrag, die zugrunde gelegte Dienstalterstufe zu erhöhen, wurde von einem Vertreter des Kultusministeriums ausgeführt, daß man zwar die Alterstruktur in den nächsten Jahren sorgfältig beobachten müsse, es jedoch im Augenblick keinen Anlaß zu einer Änderung bei der zugrunde gelegten Dienstaltersstufe gebe. Demgegenüber hielt der Mitberichterstatter Messerer fest, das vom Vorredner angegebene Durchschnittsalter von 40,6 Jahren entspreche der 10. bis 11. Dienstalterstufe.[195] Die Änderungsanträge wurden dann mit den Stimmen der CSU gegen die Stimmen der SPD abgelehnt.[196]

---

192 Vgl. zum folgenden Protokoll KU v. 05.03.1986, S. 32 ff.

193 Vgl. LT-Drucksache 10/9153, Änderungsantrag der Abgeordneten Jürgen Böddrich u.a.

194 Dr. Matschl, 111. KU 05.03.1986, Protokoll S. 34.

195 Protokoll KU a.a.O., S. 34.

Bei der Beratung zu Art. 18 (Lehrpersonalzuschüsse für das berufliche
Schulwesen) betonte die SPD, die Kommunen hätten hier seit Jahrzehnten
hervorragende Leistungen vollbracht, ihnen müsse hier geholfen werden. Es
wurde ein Satz von 80 % beantragt, wobei vorgetragen wurde, auch dann
würden die Zuschüsse nur bei 60 bis 65 % der tatsächlichen Kosten liegen.
Berichterstatter Dr. Matschl entgegnete, die Aufrechterhaltung des beruflichen Schulwesens werde durch den Gesetzentwurf (60 v.H. bei den gewöhnlichen Berufsschulen) gewährleistet, ein großer Teil des durch den Gesetzentwurf verursachten Mehraufwands, nämlich 11,46 Mio. DM, beziehe sich auf
die Verbesserung der Bezuschussung der beruflichen Schulen. Dies entspreche auch dem Ziel des Gesetzentwurfes, die Förderung der beruflichen Schulen in kommunaler und privater Trägerschaft gegenüber dem bisherigen Stand
zu verbessern.[197] Bei diesen, wie auch bei anderen Leistungen für den Personalaufwand, so etwa bei Art. 26 für die privaten Volksschulen, wird darauf
hingewiesen, daß auch beim Gesamtaufwand die Einhaltung eines bestimmten
Finanzrahmens notwendig sei, da man sich an die finanziellen Möglichkeiten
des Staatshaushaltes zu halten habe.[198]

Im *Ausschuß für Staatshaushalt und Finanzfragen* wurden die Beratungen
am 6. Mai 1986 in der 161. Sitzung begonnen.[199] Von Regierungsseite wurden wiederholt die erhöhten Lehrpersonalzuschüsse ins Spiel gebracht, die
eine Reduzierung oder gar Abschaffung des Gastschülerzuschusses rechtfer-
tige.[200]

Von der SPD wurde vorgetragen, Sachaufwand und Personalaufwand
müßten systematisch auseinandergehalten werden.[201] Wenn eine Besitzstands-
wahrung durch einen Ausgleich über den Gastschülerbeitrag nicht zu erreichen sei, müsse der Gastschülerzuschuß beibehalten werden. Ein Hinweis auf
die Lehrpersonalzuschüsse helfe nichts, weil entsprechende Vergleiche unsy-
stematisch seien und nicht mit Zahlen belegt werden könnten.[202] Der Abgeordnete Loew fügte hinzu, schon bislang hätten die staatlichen Lehrkostenzu-
schüsse die tatsächlichen Aufwendungen der Kommunen nicht einmal zu

---

196 111. Sitzung KU, Protokoll S. 35.

197 111. Sitzung KU, Protokoll S. 35 f.

198 113. Sitzung KU vom 12. März 1986, Berichterstatter Dr. Matschl, Protokoll S. 16.

199 161. Sitzung HA vom 6. Mai 1986, Protokoll S. 1-24

200 161. Sitzung HA, MR Kühn, Protokoll S. 22.

201 161. Sitzung HA, Abgeordneter Loew, Protokoll S. 22.

202 161. Sitzung HA, Mitberichterstatterin Haas, Protokoll S. 23.

70 % gedeckt. Schon von daher sei die Herstellung eines Zusammenhanges zwischen Lehrpersonalzuschüssen und Gastschülerzuschüssen nicht zulässig.[203] Auf der 162. Sitzung vom 07.05.1986 versuchte die SPD-Fraktion, nachdem ihr Änderungsantrag zu Art. 10, der auf eine Wiederherstellung der Höhe der früheren Gastschülerzuschüsse hinauslief, abgelehnt worden war, durch eine Durchsetzung ihrer Anträge zu den Lehrpersonalzuschüssen eine Verbesserung der Kostensituation der Schulträger zu erreichen. Der Antrag, die Sonderschulen bei Art. 17 miteinzubeziehen, wurde ohne nähere Diskussion abgelehnt.[204] Der Antrag der SPD bezüglich Erhöhung des Förderungssatzes, der Dienstaltersstufe und des Ortszuschlages wurde vom Berichterstatter Maurer vor allem wegen der finanziellen Auswirkungen abgelehnt. Es würde nach Auffassung des Berichterstatters DM 23.000.000,-- kosten, der Berechnung der Bezüge die 10. anstatt wie bisher die 9. Dienstaltersstufe zu Grunde zu legen. Für die Erhöhung des Förderungssatzes von 62 v.H. auf 80 v.H. ergäben sich Mehrkosten in Höhe von DM 41.000.000,--. Aus finanziellen Gründen könne diesem Anliegen daher nicht zugestimmt werden, auch wenn sich alle kommunalen wie auch privaten Träger für eine solche Regelung ausgesprochen hätten.[205] Der Abgeordnete Loew (SPD) hielt es für systematisch falsch, bei den Zuschüssen mit fingierten Personalkosten zu rechnen, wie das hier mit den Dienstaltersstufen geschehe. Ehrlicher und sauberer wäre es gewesen, von den realen Kosten der Aufwandsträger auszugehen und, wenn dies finanziell nicht tragbar sei, die Höhe des Zuschusses zu reduzieren. Durch den Ansatz von 62 % bzw. 60 % würden aber niedrigere Personalkosten fingiert. Dies sei nichts anderes als eine Fassadentäuscherei. Berichterstatter Maurer wandte hiergegen ein, die Lehrpersonalkostenzuschüsse seien immer schon auf einer bestimmten Basis berechnet und *pauschaliert* worden, allein schon aus Gründen der Verwaltungsvereinfachung.[206] Der Änderungsantrag der SPD wurde abgelehnt.

Bezüglich Art. 18 (Lehrpersonalzuschüsse für berufliche Schulen) beantragte die Berichterstatterin Haas, die Zuschüsse bei allen beruflichen Schulen mit Ausnahme der Fachschulen auf 80 v.H. festzusetzen, bei den Fachschulen auf 60 v.H.. Auf die ausführliche Diskussion, vor allem im kulturpolitischen Ausschuß, sei zu verweisen. Auch dieser Antrag wurde abgelehnt.[207]

---

203 Protokoll 161. Sitzung HA, S. 23.

204 Protokoll 162. Sitzung HA vom 07.05.1986, S. 32.

205 Protokoll 162. Sitzung HA, S. 33.

206 Protokoll 162. Sitzung HA, S. 33.

207 Protokoll 162. Sitzung HA, S. 34.

Im Zusammenhang mit der Beratung des Art. 33, der eine Erhöhung des Versorgungszuschusses für private Schulen in Höhe von 4,1 Millionen DM zur Folge hatte, äußerte der Abgeordnete Loew, er betrachte Art. 33 neben anderen Regelungen als Beispiel dafür, daß die CSU ein reines Privatschulgesetz mache und die Leistungen der kommunalen Schulen in keiner Weise würdige.[208] Der Berichterstatter Maurer äußerte hierzu, die CSU habe beim Schulfinanzierungsgesetz den Schwerpunkt bewußt auf die Förderung der privaten Schulen gelegt, weil eine ganze Reihe solcher Schulen am Existenzminimum angelangt seien. Die CSU habe dies auch immer wieder deutlich gesagt. Die kommunalen Schulen hätten zwar auch Probleme, aber keine so gravierenden wie die privaten Träger.[209] Im Plenum hat die SPD ihre Änderungsanträge zu den Lehrpersonalzuschüssen unverändert weiter verfolgt. Diese wurden jedoch mit Mehrheit abgelehnt.[210]

Die *Auswertung* dieser Beratungen ergibt, daß ein Hauptkostenfaktor, nämlich die Personalkosten, vor allem in Bereich der allgemeinbildenden weiterführenden kommunalen Schulen von Regierung und Mehrheitsfraktion aus finanzpolitischen bzw. haushaltspolitischen Erwägungen "klein" gehalten wurde. Dieses Motiv des Gesetzgebers ist "gemeindeunfreundlich"[211] und erscheint im Vergleich zu den bestehenden Regelungen in anderen Bundesländern (oben IV.2) als vollends unangemessen.

5. Die Beratungen im übrigen

a) In der 111. Sitzung des *kulturpolitischen Ausschusses* vom 05.03.1986 wurde, nachdem die allgemeine Beratung in der vorigen Sitzung vom 27.02.1986 abgeschlossen worden war, ein schriftlicher Antrag des Abgeordneten Oswald vorgelegt, Art. 10 Abs. 3 Satz 1 solle die Fassung erhalten (die dann später auch Gesetz geworden ist): "Für Gastschüler an Berufsschulen errechnet sich der Kostenersatz nach Maßgabe des Art. 8 Abs. 3." Damit wurde eine **Differenzierung der Gastschülerbeiträge nach Schultyp** in die Beratung eingeführt. Dieser Antrag und besonders die ihn begleitende Behauptung, er sei kostenneutral, hätte im einschlägigen CSU-Arbeitskreis nicht mehr erörtert werden können.[212] Die SPD beantragte in der gleichen Sitzung,

208 163. Sitzung Ausschuß für Staatshaushalt (HA) vom 13.05.1986, Protokoll S. 4.

209 163. Sitzung HA, Protokoll S. 6

210 Vgl. Plenarprotokoll 10/109 vom 12.06.1986, S. 6823 f.

211 Zum gemeindefreundlichen Verhalten als Verfassungsgebot vgl. *Czybulka*, Die Legitimation der öffentlichen Verwaltung, S. 221 ff. m.w.Nw.

212 111. Sitzung KU vom 05.03. 1986, Protokoll S. 23.

der bei Berufsschulen angewendete Gastschülerbeitrag solle auf alle Schularten ausgedehnt werden. Dieser Änderungsantrag wurde abgelehnt.[213]

Im übrigen wurde von der Opposition vorgebracht, das kommunale Berufsschulwesen müsse in Zukunft besonders gefördert werden,[214] weil die Kommunen hier Pilot- und Vorreiterfunktionen übernommen hätten.[215] Vom Berichterstatter Dr. Matschl wurde unter Hinweis darauf, daß sich der Hauptteil des durch den Gesetzesentwurf bedingten Mehraufwandes, nämlich 11,46 Millionen DM, auf die Bezuschussung der beruflichen Schulen beziehe, versichert, die Aufrechterhaltung des kommunalen Berufsschulwesens sei gewährleistet.[216] Ein Vertreter des Kultusministeriums referierte, bei den Fachschulen werde es im Gegensatz zum bisherigen Zustand einen Rechtsanspruch auf Förderung geben. Der Förderungszuwachs bei den Fachschulen betrage 4,66 Millionen DM. Die Arbeit der Kommunen werde in diesem Bereich wesentlich unterstützt und abgesichert.[217]

Bei den Beratungen zu Art. 10 BaySchFG ist in der 161. Sitzung des *Haushaltsausschusses* die unterschiedliche Berechnung der Gastschülerbeiträge bei Berufsschulen einerseits, allgemeinbildenden Schulen andererseits eingehend erörtert worden. Die Kritik der Opposition (Abg. Loew) ging dahin, daß die aus der Tradition heraus gewachsene Unterscheidung zwischen Berufsschulen und allgemeinbildenden Schulen systematisch unverständlich sei. Bei den Berufsschulen könnten die sogenannten kalkulatorischen Kosten im Gegensatz zu den allgemeinbildenden Schulen in die Gastschülerbeiträge eingerechnet werden.[218] Ein Vertreter des Staatsministeriums begründete den Unterschied bei der Bemessung des Gastschülerbeitrages bei den Berufsschulen und den sonstigen Schulen (sogenannter Kostenersatz bei den Berufsschulen einschließlich der kalkulatorischen Kosten, Gastschülerbeitrag ansonsten nur nach dem ungedeckten laufenden Schulaufwand) damit, daß als Gastschüler bei den Berufsschulen auch die Schüler berücksichtigt würden, die sich im sogenannten Fachsprengel befänden. Fachsprengel aber reichten zum Teil über Regierungsbezirke hinweg, ja es gäbe sogar länderübergreifende Sprengel. Es sei geradezu unbillig, etwa von einem Schulträger in Baden-Württemberg zu verlangen, daß er eine Schule im wesentlichen für Gastschüler aus dem Fachsprengel vorhalte. Die vom Gesetz über das berufliche

---

213 111. Sitzung KU vom 5. März 1986, Protokoll S.25.

214 111. Sitzung KU, Abg. Messerer, Protokoll S. 35

215 111. Sitzung KU, Abg. Frau Meier, Protokoll S. 36

216 111. Sitzung KU, Berichterstatter Matschl, Protokoll S. 36.

217 111. Sitzung KU, MDg Knauss, Protokoll S. 36 f.

218 161. Sitzung HA, Abg. Loew, Protokoll S. 19 f.

Schulwesen bisher schon vorgesehene Möglichkeit wolle der vorliegende Gesetzesentwurf daher aufrechterhalten.[219]

Die Argumentation mit Gastschulverhältnissen außerhalb des Freistaates Bayern ist nicht recht nachvollziehbar: derartige Gastschulverhältnisse können grundsätzlich nur im Vollzug der Rahmenvereinbarung der Kultusministerkonferenz über die Bildung länderübergreifender Fachklassen für Schüler in anerkannten Ausbildungsberufen (mit einer meist geringen Zahl Auszubildender) begründet werden.[220] In diesen Fällen ist die Gegenseitigkeit hinsichtlich der Tragung des anteiligen Aufwandes für den Betrieb der Schule gewahrt.

Gleichwohl spielt in der Diskussion bis heute das Argument, bei den kommunalen Berufsschulen handele es sich im Gegensatz zu den meisten übrigen Schularten um Sprengelschulen, für die grundsätzlich alle, den Schulsprengel bildenden kreisfreien Gemeinden und Landkreise den *vollen* Schulaufwand zu tragen hätten, eine wichtige Rolle.[221] Ein Hinterfragen dieser Argumentation verdeutlicht, daß das Differenzierungskriterium Schulsprengel für die finanzielle Problematik eher bedeutungslos und auch rechtlich nicht zwingend ist (vgl. oben II.2.a)dd)). Darüberhinaus gelten für die Begründung von Gastschulverhältnissen strenge Genehmigungsvoraussetzungen (vgl. Art. 10 Abs. 1 GbSch).

Bei den Beratungen zu Art. 53 BaySchFG lag der Änderungsantrag der SPD vor, der unter anderem die Einbeziehung von Mieten und Pachten bei der Berechnung vorgesehen hätte.[222] Dieser Vorschlag wurde von der CSU als zu weitgehend abgelehnt. Der Berichterstatter Maurer (CSU) trug dann die Beschlußempfehlung des kulturpolitischen Ausschusses vor. Die Möglichkeit, entsprechende Pauschalen festzusetzen, sei gerade im Hinblick auf die Berufsschulen vorgesehen worden. Diese Äußerung kann sich nicht auf die Gastschülerbeiträge beziehen, da bei den Berufsschulen "spitz" abgerechnet wird. Mit den Stimmen der CSU gegen die Stimmen der SPD ist dann Art. 53 in der Fassung der Drucksache 10/9661, also in der endgültigen Fassung zugestimmt worden.[223]

---

219 161. Sitzung HA, LMR Falckenberg, Protokoll S. 21.

220 Vgl. zuletzt Nr. 3 der KM Bek. vom 01.02.1988, KMBl. I, S. 31.

221 Vgl. zuletzt Schreiben des Bayerischen Landkreistages vom 20. März 1992 zum Gesetzentwurf zur Änderung des BaySchFG, Senatsdrucksache 5/92, Drs. BayLT 12/4203.

222 Drs. BayLT 10/9153.

223 163. Sitzung HA vom 13.05.1986, Protokoll S. 17.

Zum Problem Spitzabrechnung/Pauschalierung wurde im *Plenum* lediglich die Änderung, die der kulturpolitische Ausschuß angebracht hatte, referiert.

b) Die Beratungen im Ausschuß für *Staatshaushalt und Finanzfragen* beginnen mit einer Darstellung des Berichterstatters Maurer, weshalb das ursprüngliche Ziel des Gesetzesentwurfes, die Kostenneutralität aufgegeben werden mußte. Es ergebe sich nach den Vorstellungen der CSU-Fraktion eine Gesamtverbesserung um knapp DM 40.000.000,--, die Verbesserung betreffe sowohl den Bereich der Kommunen als auch den der privaten Träger. Allerdings habe die CSU-Fraktion zugegebenermaßen den Schwerpunkt der Verbesserungen bei den privaten Trägern gesetzt.[224] Insgesamt werde aber eine wesentliche Verbesserung im Bereich der kommunalen Schulen eintreten.[225] Die Mitberichterstatterin Haas (SPD) kritisierte diese Gewichtung und forderte, daß Verbesserungen nicht nur vorrangig den privaten Trägern, sondern gleichgewichtig auch den kommunalen Trägern zukommen sollten.[226]

Die Beratungen im Ausschuß für Verfassungs-, Rechts- und Kommunalfragen bringen gegenüber den sonstigen Ausschüssen nichts Neues. Der Vertreter des Kultusministeriums erläuterte nochmals die Gesamtkonzeption des SchFG und die damit im Zusammenhang stehenden jährlichen Kosten mit über DM 60.000.000,--.[227] Die Beschlußempfehlung schließt sich der Beschlußempfehlung des Ausschusses für Staatshaushalt und Finanzfragen im wesentlichen an.[228] Im *Plenum* ist der Gesetzesentwurf der Staatsregierung in zweiter Lesung auf der 109. Sitzung am 12. Juni 1986 behandelt worden.[229] Dr. Matschl führte aus, daß in Art. 53 bei der Erhebung von Gastschülerbeiträgen im Bereich der allgemeinbildenden Schulen eine Pauschalierung vorgesehen wurde.[230] Der Berichterstatter über die Beratungen im Ausschuß für Staatshaushalt und Finanzfragen Michl (CSU) führte im einzelnen die Änderungen gegenüber dem ursprünglichen Entwurf der Staatsregierung auf, die gegenüber dem Regierungsentwurf Verbesserungen von insgesamt 40,9 Millionen DM bedeuteten. Einmütig referierten die Berichterstatter, daß die Vor-

---

224 161. Sitzung HA vom 06.05.1986, Protokoll S. 2 f.

225 161. Sitzung HA, Protokoll S. 4.

226 161. Sitzung HA, Protokoll S. 5.

227 130. Sitzung des Ausschusses für Verfassungs-, Rechts- und Kommunalfragen vom 04.06.1986, Protokoll S. 7.

228 Vgl. Beschlußempfehlung, Drs. BayLT 10/1032; die Beschlußempfehlung des Ausschusses für kulturpolitische Fragen vom 13.03.1986 ist Drucksache 10/9661.

229 Plenarprotokoll 10/109.

230 Plenarprotokoll 10/109, S. 6815.

stellung, ein einheitliches Schulfinanzierungsgesetz kostenneutral zu bewerk-
stelligen, aufgegeben habe werden müssen. Aus einem Gesetz, das ursprünglich mehr der Verwaltungsvereinfachung dienen sollte, sei so im Laufe der
Verhandlungen auch ein *haushaltswirksames Gesetz* geworden.[231] Hierbei sei
Hauptanliegen von CSU und Staatsregierung neben der gesetzlichen Zusam-
menfassung die bessere Förderung der *beruflichen Schulen* in kommunaler
und privater Trägerschaft gewesen.[232] Der Regierungsvertreter wies darauf
hin, daß die kommunalen Körperschaften aufgrund des vorliegenden Entwurfes jährlich fast DM 6.000.000,-- mehr erhielten.[233] Die Forderungen der
SPD hätten jährlich Mehrausgaben von DM 160 Mio. zur Folge gehabt, dies
sei finanziell nicht darstellbar gewesen.[234]

In der Diskussion übte der Abgeordnete Messerer (SPD) nochmals grundsätzliche Kritik am Gesetz. Die Vereinfachung, von der immer wieder die
Rede gewesen sei, bleibe schiere Utopie angesichts der Beibehaltung kompli-
zierter Abrechnungsverfahren, eine Absage an einheitliche Förderungsgrund-
sätze.[235] Im übrigen wurde vom Redner die eklatante Benachteiligung der
Kommunen hervorgehoben; bei einer Steigerung um 60 Mio. DM gegenüber
der ursprünglich angepeilten Kostenneutralität blieben nur 10 %, nämlich 5,7
Millionen für die Kommunen. Die Kommunen hätten durchaus realistische
Forderungen an den Gesetzgeber gehabt; sie wollten einen Ersatz von 60 %
der tatsächlich anfallenden Kosten, nicht der fiktiven Kosten, wie sie z.B. bei
der Berechnung der Lehrpersonalzuschüsse zugrundelägen. Die Stadt Nürnberg habe diese Forderung eindrucksvoll belegt. Sie habe nachweislich mitgeteilt, daß eine ganze Reihe kommunaler Schulen derzeit nur zwischen 45 %
und 50 % effektive Förderung erfahre. Der zweite und noch gravierendere
Vorwurf betreffe die Behandlung der Bezirke.[236] Bezüglich der Gastschülerzuschüsse sprach der Abgeordnete Messerer von einem "billigen Taschenspie-
lertrick". Durch die zunächst von der Staatsregierung befürwortete Abschaffung wurden DM 16.000.000,-- eingespart, die zusätzlichen Ausgaben von
6,3 Millionen DM, die durch die Gewährung eines Gastschülerzuschusses in
Höhe von nur noch DM 100,-- auszugeben seien, seien durch die Kürzung
der ursprünglich vorgesehenen unzureichenden Erhöhung der Zuschüsse zum

---

231 Plenarprotokoll 10/109, Abg. Dr. Matschl (CSU), S. 6813 und Abg. Widmann (CSU), S.
    6816.

232 Plenarprotokoll 10/109, Abg. Widmann, Protokoll S. 6816.

233 Plenarprotokoll 10/109, S. 6817.

234 Plenarprotokoll 10/109, Abg. Widmann, Protokoll S. 6816.

235 Plenarprotokoll 10/109, Abg. Messerer (SPD), Protokoll S. 6817 f.

236 Vgl. Plenarprotokoll 10/109, S. 6818 f.; dieses Sonderproblem behandelt dieses Gutachten
    nicht.

Lehrpersonalaufwand bei Realschulen und Gymnasien von 62 % auf wieder 60 % zum großen Teil (4,6 Millionen DM) eingespart worden.[237] Diesen Zahlen ist von Regierungsseite nicht widersprochen worden.

Der Berichterstatter Dr. Matschl hob in seinem Beitrag dann vor allem nochmals die Verbesserungen für die Privatschulen hervor und replizierte auf Messerer, daß jede Finanzierungsregelung, jede Zuschußregelung, jede Subventionsregelung, natürlich auch die Schulfinanzierung, "letztlich ein Rechenkunststück" sei, wo es gelte, eine "Wahl zu treffen zwischen den Möglichkeiten, die wir erkennen, und den Zwängen und Notwendigkeiten des Staatshaushaltes".[238] Staatsminister Dr. Maier bedankte sich bei den Berichterstattern und erwähnte ausdrücklich, daß aus einer großen Zahl finanzieller Wünsche kommunaler und privater Schulträger die erfüllbaren von den unerfüllbaren zu trennen gewesen wären.[239] Nochmals wird die Zielsetzung erwähnt, die Finanzierung der beruflichen Schulen stärker derjenigen der allgemeinbildenden Schulen anzunähern, im übrigen aber vor allem die privaten Schulen stärker zu unterstützen. Das Gesetz bereite der bisherigen Zersplitterung des Schulfinanzierungsrechts ein Ende. Die Flurbereinigung bringe in vielen Einzelfragen Klärungen, Vereinheitlichungen und Vereinfachungen. Die kommunalen Schulträger glaubten zwar, in einigen Punkten Kritik üben zu sollen. Immerhin bleibe aber auch für die kommunale Seite ein Zuwachs von jährlich über DM 5.000.000,-- festzustellen. Außerdem sei die vom Landtag beschlossene Wiedereinführung des Gastschülerzuschusses in Höhe von DM 100,-- geeignet, Härten in Einzelfällen zu vermeiden.[240]

6. Zusammenfassende Bewertung

Insgesamt lassen die Beratungen folgende Schlußfolgerungen zu:

a) Interkommunaler Ausgleich und staatliche Gastschülerzuschüsse: Der Schwerpunkt beim Ausgleich der durch Gastschüler entstehenden Kosten sollte nach dem Willen des Gesetzgebers auf dem interkommunalen Ausgleich liegen. Den Berufsschulen, die ohnehin mehr gefördert werden sollten, wurden hier wesentlich umfassendere Möglichkeiten der Abwälzung auf die Nachbarkreise zugestanden. Der staatliche Gastschülerzuschuß wurde letztlich als Härteausgleich konzipiert. Ein unmittelbarer Zusammenhang mit dem Sachaufwand ist nicht mehr gegeben.

---

237 Plenarprotokoll 10/109, S. 6818.

238 Plenarprotokoll 10/109, S. 6820.

239 Plenarprotokoll 10/109, S. 6820.

240 Plenarprotokoll 10/109, S. 6821.

b) Unterschiedliche Förderung der kommunalen Schulen bzw. der Privatschulen: Aus den Beratungen ergibt sich eindeutig, daß die Zurverfügungstellung von Haushaltsmitteln vorrangig den Privatschulen zugute kommen sollte, daß jedoch auch die kommunalen Schulen gegenüber der bisherigen Rechtslage eine bescheidene Verbesserung erfahren sollten. Dies gilt jedenfalls "unter dem Strich", wobei nach Auffassung des Gesetzgebers durch den interkommunalen Finanzausgleich und die staatlichen Lehrpersonalzuschüsse bereits der wesentliche Finanzbedarf der Gemeinden erfüllt (und der staatliche Gastschülerzuschuß deshalb als Härteausgleich ausgestaltet worden) ist.

c) Unterschiedliche Gastschülerbeiträge für allgemeinbildende Schulen und für Berufsschulen: Sehr überraschend ist die späte Vorlage des Antrages Oswald, der zur heutigen Fassung des Art. 10 Abs. 3 Satz 1 BaySchFG und zu der für diejenigen Schulstädte, die noch kommunale Berufsschulen unterhalten, günstigen Regelung geführt hat, Gastschüler an Berufsschulen auf der Basis eines Kostenersatzes abrechnen zu können. Dies betrifft aber den interkommunalen Ausgleich. Eine einleuchtende Begründung, weshalb die kalkulatorischen Kosten bei den allgemeinbildenden Schulen nicht, wohl aber bei den Berufsschulen eingerechnet werden können, gibt es (außer dem wenig hilfreichen Sprengel-Argument) nicht. Mit dieser Regelung sollte wohl vermieden werden, daß sich die Städte, die noch ein kommunales Berufsschulwesen unterhalten, aus dieser Aufgabe gänzlich zurückziehen. Welche enorme wirtschaftliche Bedeutung der unterschiedliche Berechnungsmodus für die Gastschülerbeiträge hat, sei an einem einzigen Beispiel erläutert: Während die Landeshauptstadt München für ihre allgemeinbildenden kommunalen Schulen lediglich die Pauschale in Höhe von DM 750,-- verlangen konnte, konnten für die Gast- und Sprengelschüler an Berufsschulen im Schuljahr 1991/92 gemäß Art. 10 Abs. 1 S. 2 Ziffer 2 i.V.m. Abs. 3 i.V.m. Art. 8 Abs. 3 und Art. 19 Abs. 1 BaySchFG DM 7.047,-- pro Vollzeitschüler, DM 2.101,-- pro Teilzeitschüler verlangt werden. Diese hohe Differenz erklärt sich zum einen aus der Berücksichtigung der kalkulatorischen Kosten, zum anderen auch aus der Berücksichtigungsfähigkeit der anderweitig nicht gedeckten Personalkosten, sowie aus der gegenüber der Anlage 1[241] weiteren Fassung des Schulaufwands und der berücksichtigungsfähigen Kosten.

---

241 Anhang 2 zu diesem Gutachten.

V. Die Pauschalierung von Gastschülerbeiträgen in Art. 53 Abs. 1 Nr. 1 BaySchFG/§ 7 AVBaySchFG

1. Die grundsätzliche Zulässigkeit von Pauschalregelungen im Schulfinanzierungsrecht

Vor allem aus dem *Abgabenrecht* ist die Praxis bekannt, anstatt der sogenannten "Spitzabrechnung" Pauschalen einzuführen, die insbesondere den
Verwaltungsaufwand senken sollen. Dies ist sinnvoll und wird auch prakti-
ziert bei Abgaben mit geringerem Aufkommen, bei denen der Verwaltungsaufwand zum Ertrag überproportional groß wäre. Aus der Rechtsprechung
hierzu ist bekannt, daß jedenfalls Pauschalen, die der Verwaltungsvereinfachung dienen sollen, im Prinzip rechtlich zulässig sind.[242] In einer Entscheidung des BVerfG ist die Ermächtigung in § 17 TabakStG, Pauschsätze "zur
Vereinfachung der Verwaltung" festzusetzen, verfassungsrechtlich überprüft
worden. Das BVerfG hat diese Ermächtigung nach Inhalt und Ausmaß als genügend bestimmt erachtet.[243] Nach Auffassung des BVerfG genügt es, "wenn
das Gesetz die Grenzen der auf seiner Grundlage möglichen Regelung hinreichend deutlich macht (BVerfGE 5, 71 (77)); diese Grenzen können sich -
auch ohne besondere Erwähnung - aus der Begrenzung des Zwecks der Ermächtigung (BVerfGE 4, 7 (22); 8, 274 (318); 10, 20 (53); 28, 66 (86)),
dem Zusammenhang der Norm mit anderen Vorschriften und aus dem Ziel,
das die gesetzliche Regelung insgesamt verfolgt, ergeben (BVerfGE 10, 20
(51))". Bei der in Frage stehenden Regelung konnte den Motiven des Gesetzes entnommen werden, daß die Regelung zum Zwecke der Verwaltungsvereinfachung getroffen worden war. In diesem Zusammenhang weist das
BVerfG auf folgendes hin:

"Der Begriff des "Pauschsatzes" weist bereits auf eine Orientierung auf
den Durchschnitt der verschiedenen Einzelsätze hin. Aus dem Ermächti-
gungszweck, die Verwaltung zu vereinfachen, folgt ebenfalls, daß die Höhe
der Pauschsätze in einem vernünftigen Verhältnis zur durchschnittlichen Belastung eingeführter Tabakerzeugnisse mit denjenigen Eingangsabgaben stehen
soll, die sich bei der Anwendung der tarifmäßigen Zoll- und Steuersätze ergeben würde". Die Obergrenze "wird durch den gesetzlich benannten Zweck
der Vereinfachung in der Weise bestimmt, daß die nach Pauschsätzen berechneten Abgaben nur in einem relativ geringfügigen, im Rahmen der Vereinfa-

---

242 Vgl. neuerdings die Festsetzung von Einheitsgebühren für Gemeinschaftsunterkünfte ausländischer Flüchtlinge, BayVGH BayVBl. 1992, S. 559

243 BVerfGE 35, 179.

chung liegenden Ausmaß vom möglichen Ergebnis der Tarifberechnung nach Einzelsätzen abweichen dürfen, das für den Verordnunggeber insoweit Orientierungspunkt und Richtmaß für die zu treffende Regelung bleibt".[244]

Die tragenden Prinzipien dieser Entscheidung sind auf den hier vorliegenden Sachverhalt übertragbar:

Zwar ist generell Vorsicht geboten, die Rechtsprechung bzw. die von ihr entwickelten Maßstäbe im Gebühren- oder Abgabenrecht auf das Recht der Umlagen oder des Finanzausgleichs zu übertragen.[245] Insbesondere ist daran zu erinnern, daß umlagepflichtige und umlageberechtigte Körperschaften einander nicht gegenüberstehen wie abgabepflichtige Bürger und Staat.[246] Auch hier gilt aber der Gleichheitsgrundsatz als Ausfluß des Rechtsstaatsgebots, das auch im Verhältnis der Hoheitsträger untereinander gilt.[247] Diesem Verfassungsgebot entspricht es, wenn Aufwendungen (u.U. auch landesweit) "zusammengerechnet" und dann gegebenenfalls auf einzelne Einrichtungen "pauschal", d.h. gemittelt umgelegt werden.[248] Der Gesetzgeber kann deshalb grundsätzlich auch im Schulfinanzierungsrecht ein Pauschalierungssystem einführen; er kann es vor allem auf den gesetzgeberischen Zweck der "Durchschnittsbildung" kostenrelevanter Faktoren und damit auch der Verwaltungsvereinfachung stützen. Die Höhe der Pauschale muß nach sachgerechten Grundsätzen bestimmt werden, die sich aus der Ermächtigungsgrundlage und dem Gleichheitssatz ergeben.

2. Zur Pauschalierungsermächtigung in Art. 53 BaySchFG

a) Betrachtet man die **Entstehungsgeschichte**, so geht die Pauschalierungsregelung und Ermächtigungsgrundlage des Art. 53 BaySchFG auf eine Anregung des Senats zurück und ist im Ausschuß für kulturpolitische Fragen auf dessen 114. Sitzung am 13.03.1986 erörtert worden. Der in dieser Sitzung geänderte Antrag der CSU-Fraktion sollte folgende Fassung des Art. 53 Satz 2 Nr. 1 bringen: das Staatsministerium für Unterricht und Kultus sollte ermächtigt werden, durch Rechtsverordnung zu regeln:

---

244 BVerfGE 35, 179, 183 f.

245 So erst kürzlich ablehnend für eine Heranziehung des Äquivalenzprinzips auf das Umlagerecht BVerfGE 83, 363, 392 m.w.Nw.

246 Vgl. BVerfGE a.a.O., S. 392 f.

247 BVerfGE 83, 363, 393 m.w.Nw., st.Rspr.

248 Vgl. jüngst zu den Benutzungsgebühren für Gemeinschaftsunterkünfte ausländischer Flüchtlinge das Urteil des BayVGH vom 27.05.1992, BayVBl 1992, 559f.

"1. die Aufwendungen, die zum laufenden Schulaufwand im Sinne des Art. 10 Abs. 2 Satz 1 und zum laufenden Personalaufwand und zum Schulaufwand im Sinne des Art. 19 Abs. 1 Satz 2 gehören, sowie die Aufwendungen, die im Rahmen des Kostenersatzes nach Art. 8 Abs. 3 Satz 1, Art. 10 Abs. 3 zu berücksichtigen sind; der laufende Schulaufwand umfaßt die tatsächlichen regelmäßig wiederkehrenden Aufwendungen einschließlich Mieten und Pachten für geeignete ansonsten nicht mehr ausgenutzte Schulgebäude, soweit die Aufwendungen nicht durch Einnahmen gedeckt sind; für die Volksschulen, die Realschulen und die Gymnasien sind Pauschalen für die Gastschülerbeiträge festzusetzen, für die übrigen Schularten sowie für den Kostenersatz können Pauschalen festgesetzt werden, wobei die Pauschalen die Berechnung nach Art. 10 ersetzen. Die beteiligten kommunalen Körperschaften können Abweichendes vereinbaren;"

Dies ist in dieser Form später Gesetz geworden.

Zur Begründung des Antrages führte der Berichterstatter Dr. Matschl aus, zu der Frage, wie die Kosten eines Gastschülers zwischen der aufnehmenden und der entsendenden Körperschaft abgerechnet werden sollten, gäbe es unterschiedliche Auffassungen. Während die aufnehmende Körperschaft naturgemäß wünsche, alle Aufwendungen für jeden Gastschüler auf Heller und Pfennig abzurechnen, sähen sich die entsendenden Körperschaften solchen Forderungen hilflos gegenübergestellt. Das habe dazu geführt, daß die einzelnen Beträge sehr unterschiedlich ausgefallen seien; die Spannen umfaßten oft mehrere Hundert DM pro Gastschüler.

Aufgrund langer Bemühungen und Gespräche sei die CSU-Fraktion zu dem Ergebnis gekommen, das soeben vorgelegt worden sei. Danach erlasse das Kultusministerium eine Rechtsverordnung über die Gastschülerbeiträge und bestimme dafür eine Pauschale; die Körperschaften könnten aber, wenn ihnen diese Regelung nicht passe, Abweichendes vereinbaren.[249]

Die unterschiedliche Regelung für Volksschulen, Realschulen und Gymnasien einerseits, Berufsschulen andererseits wurde vom Berichterstatter Dr. Matschl (CSU) damit begründet, die Kosten für die zuvor genannten drei Schularten seien annähernd gleich; "ganz anders" stelle sich dies jedoch im Berufsschulwesen dar.[250] Der Mitberichterstatter Messerer (SPD) verwies zur unterschiedlichen Höhe der Gastschülerbeiträge auf eine Eingabe des Städtetages. Die Gastschülerbeiträge betrügen im Bereich der Volksschulen zwischen DM 470,-- bis DM 1660,--, bei den Realschulen zwischen DM 450,--

---

249 Protokoll des Ausschusses für kulturpolitische Fragen (KU), 114. Sitzung, S. 22
250 Protokoll 114. Sitzung KU, S. 31.

bis DM 1.000,-- und bei den Gymnasien betrage das Verhältnis ebenfalls etwa 1 : 2.[251] Offenbar Einmütigkeit bestand darin, daß die Pauschale dann gelten solle, wenn es zu keiner Einigung der beteiligten Körperschaft kommt. Bezüglich der angeführten Differenzen in der Höhe der Gastschülerbeiträge stellte sich Abg. Matschl die Frage, was alles in diesen Beiträgen enthalten sei. Evtl. habe die Körperschaft, die für einen Gastschüler nur DM 340,-- in Rechnung stelle, auf den Ersatz vieler Aufwendungen, die sie berechtigterweise geltend machen könne, verzichtet und werde dies zukünftig tun. Es sei jedoch auch möglich, daß die Körperschaften, die einen Gastschülerbeitrag in Höhe von DM 1.550,-- verlangten, Dinge hineinrechneten, die nicht berücksichtigt werden dürften.[252] Obwohl zwischen der SPD und CSU strittig war, weshalb zwischen Volksschulen, Realschulen und Gymnasien einerseits und Berufsschulen andererseits unterschieden werden sollte,[253] ergibt sich aus den Beratungen doch deutlich, daß sämtliche Pauschalen die Funktion haben sollten, zwischen den zum Teil stark differierenden Einzelabrechnungen der Städte zu vermitteln, wobei teilweise offen war, welche Positionen im einzelnen rechtmäßig eingerechnet werden durften.

Als unproblematisch in diesem Zusammenhang wurde empfunden, was unter "laufendem Schulaufwand" zu verstehen sei.[254] Ähnliches wurde im Hinblick auf die Definition des Personalaufwandes vom Berichterstatter Dr. Matschl vorgebracht.[255] Die wohl als Regellösung vorgesehene freie Vereinbarung und Einigung zwischen den Partnern hat sich in der Praxis nicht durchgesetzt.

Ein materiell-rechtlicher Grund für die Pauschalierung im Bereich der allgemeinbildenden (im Gegensatz zu den Berufsschulen) Schulen ist nicht zu sehen. Jedoch war es der politische Wille des Gesetzgebers, die Berufsschulen durch Anwendung der Regeln für den Kostenersatz besserzustellen, als die allgemeinbildenden Schulen (s. oben IV 6. ad 3).

Im übrigen gibt es auch im Bereich der Schulfinanzierung der beruflichen Schulen gewisse pauschalierende Regelungen, etwa bei der Errechnung der Lehrpersonalzuschüsse für berufliche Schulen (Art. 18 BaySchFG), die durch § 10 Abs. 2 Satz 2 AVBaySchFG insoweit "pauschaliert" werden, um Blockunterricht und herkömmlichen Teilzeitunterricht an einzelnen Schultagen auf

251 114. Sitzung KU vom 13. 03. 1986, Protokoll S. 32.

252 114. Sitzung KU, Abg. Dr. Matschl, Protokoll S. 32.

253 114. Sitzung KU, Abg.Messerer, Protokoll S. 23/30.

254 113. Sitzung KU vom 12. 03.1986, Protokoll S. 28.

255 111. Sitzung KU vom O5.03.1986, Protokoll S. 2.

einen gemeinsamen Nenner zu bringen. Es heißt jedoch in der amtlichen Begründung zu Art. 18 BaySchFG ausdrücklich: "Ziel des Entwurfs ist es, für die beruflichen Schulen ein Bezuschussungsmodell zu schaffen, das einerseits verwaltungsvereinfachende Pauschalierungen zuläßt, andererseits sich aber möglichst eng an den tatsächlichen Verhältnissen der Schule orientiert".[256] Dahingestellt sei, inwieweit diese "möglichst enge" Orientierung an den tatsächlichen Verhältnissen auch für die Lehrpersonalzuschüsse an allgemeinbildenden Schulen gelten müßte, da das politische Ziel der stärkeren Förderung bereits durch die Höhe des Förderungssatzes (in v.H.) in Art. 17 BaySchFG einerseits, in Art. 18 Abs. 3 BaySchFG andererseits erreicht werden kann. Festzuhalten ist jedoch, daß der Gesetzgeber insgesamt bei den im BaySchFG festgelegten Pauschalierungsregelungen erkennbar auf eine *Verwaltungsvereinfachung* mit Hilfe einer *Durchschnittsbildung* abgestellt hat. Speziell für die pauschalierten Gastschulbeiträge ist eine Angleichung der in der Verwaltungspraxis aufgetretenen, sehr unterschiedlichen, Beiträge im Verhältnis zwischen den betroffenen Schulstädten und den "entsendenden" Landkreisen eindeutig angestrebt. Diese Ziele der Pauschalierung (Verwaltungsvereinfachung, Angleichung) stehen gleichwertig nebeneinander. Zieht man die vom Verordnungsgeber letztlich in § 7 Abs.1 Nr. 3 AVBaySchFG als jährliche Pauschalen festgesetzten Gastschülerbeiträge näher ins Kalkül, so ergibt sich, daß diese einen recht genauen Durchschnittswert zu den in den Beratungen genannten, sehr unterschiedlichen Sätzen (genannt wurden Beträge ab DM 450,-- bis DM 1660,-)[257] darstellen, die auf einer Umfrage des Städtetages beruhten. Dieser Durchschnittswert sollte sich auch offenbar an den Aufwendungen orientieren, die berechtigter Weise geltend gemacht werden könnten.[258]

In den Beratungen sind Änderungsanträge der Opposition, die auf eine Aufweichung oder Abschaffung zwingender Pauschalierungen im Rahmen des Art. 53 und 54 BaySchFG hinausliefen, stets abgelehnt worden.[259]

b) Die *grammatikalische* **Auslegung** des Art. 53 Satz 2 Nr. 1 ergibt einen engen Zusammenhang zwischen der Festsetzung von Pauschalen und Aufwendungen, die je nach Schulart zu einem (bestimmten) Aufwand oder Aufwendungen in Zusammenhang stehen. Die Pauschalen sollen ausdrücklich

---

256 Abgedruckt in *Falckenberg/Kellner*, Schulfinanzierung in Bayern, Kennziffer 10.00 Erl. zu Art. 18 BaySchFG.

257 Vgl. Protokoll 114. KU v. 13.03.1986, S. 32.

258 Vgl. Protokoll 114. KU v. 13.03.1986, S. 32.

259 Vgl. Protokoll 114. KU v. 13.03.1986, S. 21 ff.

"die Berechnung nach Art. 10 ersetzen". Art. 10 ist die auch für die Berechnung der Gastschülerbeiträge maßgebliche Vorschrift.

Gemäß Art. 10 Abs. 2 BaySchFG wird der Gastschülerbeitrag je Schüler errechnet, in dem der entstehende laufende Schulaufwand durch die Gesamtschülerzahl geteilt wird. Die *Entstehungsgeschichte* hat eindeutig erwiesen, daß die Pauschalierungsregelungen zum Zwecke der Verwaltungsvereinfachung und Angleichung der unterschiedlich berechneten Sätze eingeführt werden sollten. Problematisch könnte hier allenfalls sein, wie die Angleichung der unterschiedlichen Beträge, denen die Pauschalierung Rechnung tragen soll, vorzunehmen ist. Es wäre denkbar, daß hier ein Durchschnitt aller beteiligten Schulstädte errechnet wird. Dies würde jedoch übersehen, daß die größeren kreisfreien Städte, insbesondere die Großstädte, zahlenmäßig den höchsten Anteil an Gastschülern versorgen und daß deren Kosten wohl entsprechend "gewichtet" werden müßten. Eine Orientierung der Pauschalen an einem - allerdings realitätsbezogenen - "laufenden Schulaufwand" dürfte möglich sein, wobei allerdings in einer Gesamtkalkulation angemessene Lehrpersonalzuschüsse mitzuberücksichtigen sind. Wie der BayVGH im Urteil vom 21.12.1983 im Hinblick auf das Gesetz über das berufliche Schulwesen vom 15.06.1972 ausgeführt hat,[260] sei der laufende Schulaufwand vom "Schulaufwand" zu unterscheiden. Diese Ausführungen lassen sich zwar gedanklich auf das BaySchFG 1986 übertragen. Auch das BaySchFG unterscheidet zwischen Personalaufwand (Art. 2) und Schulaufwand (Art. 3). Danach ist Schulaufwand der (gesamte) nicht zum Personalaufwand gehörende übrige Aufwand. Er umfaßt insbesondere den für den ordnungsgemäßen Schulbetrieb und Unterricht erforderlichen Sachaufwand sowie den Aufwand für das Hauspersonal, einschließlich der Aufwendungen für die Bereitstellung, Einrichtung, Ausstattung, Bewirtschaftung und Unterhaltung der Schulanlage. Danach dürfte eindeutig sein, daß der Gesetzgeber mit laufendem Schulaufwand lediglich einen Ausschnitt aus den Kosten des gesamten Schulaufwands umfassen wollte. Der BayVGH hat in seinem Urteil vom 21.12.1983 die Abgrenzung ausdrücklich unter Berufung auf vergleichbare, herkömmliche Regelungen über Gastschulbeiträge getroffen.[261] Der Gerichtshof hat hier den gemeinsamen Gedanken herausgestellt, daß bei Gastschulverhältnissen, die nur seltener vorkämen, eine Beteiligung an den Investitionskosten der Schulanlage vom Gesetzgeber nicht für sachgerecht gehalten werde. Die den Gastschüler entsendende Gemeinde sei vermögensrechtlich an der Gastschule nicht beteiligt, sie solle daher auch nicht zu deren Investitionskosten herangezogen

---

260 BayVGH, BayVBl 1984, 564 ff.
261 BayVGH, BayVBl 1984, 564, 565 l. Sp.

werden. Einer Übertragung dieser Gedanken auf das nichtberufliche Schulwesen steht entgegen, daß hier hohe Gastschüleranteile bei den Schulstädten überwiegen und deshalb für die aufnehmenden Schulstädte durchaus Schulneubauten und größere Umbauten erforderlich sind. Bei den sogenannten *kalkulatorischen Kosten*[262] dienen die insoweit vorzunehmenden Abschreibungen und Verzinsungen regelmäßig der Finanzierung bzw. Finanzierungsvorbereitung von Erhaltungs- und Anschaffungskosten, die zwar über Ziff. 2.8 bis Ziff. 2.10 der Anlage 1 hinausgehen, die gleichwohl "laufend" vorkommen und für die Substanzerhaltung einer Schule, insbesondere ihres unbeweglichen und nicht geringwertigen beweglichen Vermögens unanbdingbar sind.

Es war schon vor Inkrafttreten des BaySchFG umstritten, inwiefern die kalkulatorischen Kosten zum laufenden Aufwand zählen.[263] Ein übergeordneter Gesichtspunkt, weshalb die kalkulatorischen Kosten im Bereich der Berufsschulen zu den ausgleichsfähigen Kosten zählen, im Bereich der allgemeinbildenden Schulen nicht, konnte nicht gefunden werden.[264] Das von Regierungsseite vorgebrachte "Fachsprengel-Argument" ist nicht tragfähig.[265] Tatsächlich ist dieses angebliche "Detailproblem" dann sogar in den Beratungen des *Haushaltsausschusses* nicht weiter verfolgt werden; dies trotz des Änderungsantrages der SPD zu Art. 53,[266] der in der 163. Sitzung des HA vom 13.05.1986 mit den Stimmen der CSU abgelehnt wurde.[267] Im BaySchFG selbst findet sich *keine* ausdrückliche Differenzierung des "laufenden Schulaufwandes" im Punkt "kalkulatorische Kosten" je nach Schulart (Berufsschulen/allgemeinbildenden Schulen). Diese Unterscheidung hat erst der Verordnungsgeber in der Anlage 1 zur AVBaySchFG[268] in Nr. 1.1.3 bzw. 3.2 getroffen, dies allerdings in Anlehnung an früher bestehende Regelungen.

Im *Ergebnis* zeigt die hier vor allem historische Auslegung der Ermächtigungsgrundlage, daß mit der Einräumung einer Pauschalierungsermächtigung dem Verordnungsgeber nicht etwa freie Hand hinsichtlich der Festsetzung des

---

262 Vgl. hierzu Ziff. 3.2 der Anlage 1 (Anhang 2 zu diesem Gutachten) sowie die Anhänge 3 und 4.

263 Vgl. *Memminger/Nowak*, BayVBl 1975, 470, 471.

264 Vgl. die Kontroverse LMR Falckenberg/Abg. Loew, Protokoll 161. Sitzung HA, S. 11, schon zu Art. 5 BaySchFG 1986 (Baumaßnahmen, erstmalige Einrichtungen).

265 Vgl. nochmals Protokoll 161. Sitzung HA v. 6.5. 1986, S. 19 ff., insbesondere die Ausführungen des Abg. Loew (SPD)

266 LT-Drs 10/9153

267 Protokoll 163. Sitzung HA, S. 16 f.

268 Anhang 2 zu diesem Gutachten

Gastschülerbeitrags (in der Höhe und in den Ermittlungsmodalitäten) gegeben werden sollte. Von der Intention des Gesetzgebers liegt auch keinesfalls eine sogenannte "gesetzesändernde Rechtsverordnung" vor; abgesehen von der verfassungrechtlichen Problematik einer solchen Rechtsverordnung[269] müßte es sich jedenfalls aus dem Wortlaut der Ermächtigungsnorm selbst eindeutig ergeben, daß der Verordnungsgeber ermächtigt sein soll, von einzelnen Festsetzungen in der Ermächtigungsnorm abzuweichen und damit das Gesetz abzuändern.[270] Durch die oben im einzelnen aufgelisteten Argumente steht fest, daß der Verordnungsgeber nur innerhalb der beiden Zwecke der Pauschalierung (Verwaltungsvereinfachung, Angleichung an unterschiedliche Berechnungen) einen gewissen Spielraum haben sollte. Aus der Entstehungsgeschichte ergibt sich auch, daß zumindest eine realistische Annäherung an die tatsächlichen Kosten des jeweiligen laufenden Schulaufwandes erfolgen muß.

Hierbei ist zunächst zu untersuchen, ob besonders auffällige Ergebnisse von einzelnen Schulen in die Berechnungen einfließen dürfen oder nicht; dies ist im Hinblick auf den Wortlaut des § 7 Abs. 3 AVSchFG abzulehnen: angesprochen sind eindeutig Schultypen, nicht Einzelschulen. Dies ergibt auch ein Vergleich der Berechnungsmethoden nach der Anlage 1. Gemäß Ziff. 2 dieser Anlage sind die Kosten für die Berechnung des laufenden Schulaufwandes "für die jeweilige Schulart" zu ermitteln, allerdings unbeschadet Nr. 2.19. Demgegenüber heißt es bei der Berechnung des Kostenersatzes für Berufsschulen, daß der Aufwandsträger die für den Betrieb der *Schule* entstehenden und anderweitig nicht gedeckten Kosten verlangen kann. Auch der Hinweis in Art. 10 Abs. 3 auf den Besuch außerbayerischer Schüler an einer Berufsschule in Bayern zeigt deutlich, daß hier eine Einzelberechnung zu erfolgen hat. Umgekehrt kann daraus geschlossen werden, daß bei der Berechnung der Pauschalen die Zahlen des Schulaufwandes für einzelne allgemeinbildende Schulen, die weit außerhalb des üblichen Kostenspektrums liegen, außer Betracht bleiben dürfen.

Es würde daher im Falle eines Rechtsstreites darauf ankommen, den Schulaufwand, insbesondere jedoch den laufenden Schulaufwand von Volksschulen, Realschulen, Gymnasien (einschließlich Kollegs), Wirtschaftsschulen sowie Abendgymnasien und Abendrealschulen zum derzeitigen Zeitpunkt

---

269 Zum Meinungsstand *Lepa*, Rechtssetzung durch Rechtsverordnung, AÖR Band 105 (1980), Seite 337 ff, 352; *Stern*, Das Staatsrecht der Bundesrepublik Deutschland Band II, § 38 II 2 c, S. 644 mit weiteren Nachweisen

270 *Lepa*, AÖR 105 (1980), S. 337, 355; *Ossenbühl*, in *Isensee/Kirchhof*, Handbuch des Staatsrechts Band III § 64 RandNr. 21 ff; *Maunz/Dürig/Herzog*, Grundgesetz Art. 80 RandNr. 19

zu bestimmen und hieraus einen Durchschnittswert zu bilden. Dieser Durchschnittswert ist den durch die Verordnung festgesetzten Pauschalen (DM 750,- bzw. DM 500,-) gegenüber zu stellen. Die Pauschalen dürfen nicht, um nicht materiell rechtswidrig, weil Sinn und Zweck der Ermächtigungsgrundlage widersprechend zu sein, weniger kostendeckend sein als im Durchschnitt vor Inkrafttreten des BaySchFG, und sie müssen sogar eine *günstigere* Auswirkung auf die kommunalen Schulfinanzen haben als vor dieser Änderung. Hierbei ist zweifelhaft, ob als gegenüberzustellender Zeitpunkt der Zeitpunkt des Inkrafttretens des BaySchFG anzusetzen oder auf die Verhältnisse im Jahre 1984 abzustellen ist, weil sich der Gesetzesentwurf der Staatsregierung an den finanziellen Verhältnissen des Einzelplanes 05 des Staatshaushalts (einschließlich Nachtragshaushalt) des Jahres 1984 angelehnt hat.[271]

Bei einer Gegenüberstellung des tatsächlichen laufenden Aufwandes der Schulstädte und den durch die Verordnung festgesetzten Pauschbeträgen sind auf der Haben-Seite die staatlichen Gastschülerzuschüsse *nicht* hinzuzuzählen. Eine derartige Anrechnungsbestimmung trifft weder das Gesetz in Art. 10 Abs. 2 (oder Art. 10 Abs. 3) BaySchFG noch die Anlage 1 zur AVSchFG. Die Zuschüsse sind weder sonstige Verwaltungs- und Betriebseinnahmen (Ziffer 2.20.5) noch Erstattungen von Ausgaben des Verwaltungshaushalts (Ziffer 2.20.6). Eine Anrechnung wäre auch nicht sachgerecht, zumal die Beratungen zum BaySchFG gezeigt haben, daß die staatlichen Gastschülerzuschüsse als "Härteausgleich" konzipiert worden sind.

Die rechtliche Bewertung wird dann ergeben, ob sich die durch Verordnung festgesetzten Pauschalen (noch) im Rahmen dessen bewegen, was Art. 80 Abs. 1 Satz 2 GG analog[272] fordert.

Bezüglich der Einbeziehung der kalkulatorischen Kosten in dieses Rechenwerk ist die Gesetzeslage nicht eindeutig. Die Differenzierung nach Schulart in der Anlage 1 zur AVBaySchFG wird vom Gesetz selbst nicht verlangt.

---

271 Vgl. Gesetzentwurf der Staatsregierung vom 06.11.1985, Drucksache 10/8257

272 Die Aussage dieser Grundgesetznorm gilt entsprechend im Bereich des Landesrechts, BVerfGE 58, 257,277 -Schulentlassungsentscheidung- und st. Rspr; *Lerche*, Bayerisches Schulrecht und Gesetzesvorbehalt, 1981, S. 76 ff.; vgl. für Bayern noch Art. 55 Nr. 2 BV und Art. 2 des Gesetzes Nr. 122 über den Erlaß von Rechtsverordnungen aufgrund vormaligen Reichsrechts vom 8. Mai 1948 (BayRS 103-1.5).

VI. Die finanzielle Entwicklung der Schulstädte

1. Umfrageergebnisse im August 1991

Im August 1991 hat das Bayer. Staatsministerium für Unterricht, Kultus, Wissenschaft und Kunst u.a. die kommunalen Spitzenverbände und die großen "Schulstädte" um Stellungnahme zur Angemessenheit der geltenden schulfinanzierungsrechtlichen Regelungen über die Erhebung von Gastschülerbeiträgen (einschließlich der Pauschalbeträge) unter Angabe aussagekräftigen Zahlenmaterials gebeten. Dies sollte der Vorbereitung eventueller Veränderungen bei den Gastschülerbeiträgen dienen. Die Schulstädte haben diese Aufstellungen vorgelegt und hierbei in der Regel eine Gegenüberstellung von Gastschülerbeitragspauschalen, wie sie auf dem geltenden Recht beruhen und Beträgen, wie sie sich nach einer Änderung der Rechtslage ergeben würden, geliefert. Das Ministerium hat hierzu Bedenken angemeldet und erklärt, dies sei nicht aussagekräftig für die Angemessenheit der Pauschalen.

Die Schulstädte haben auch die Frage aufgeworfen, inwiefern nicht eine besondere Abrechnung der Pauschale notwendig sei, wenn Gemeinden Schulen mit eigenem Lehrpersonal unterhalten (kommunale Schulen).[273] In der Tat sind die Großstädte, die kommunale Schulen unterhalten, durch die Personalkosten, die nach Abzug der staatlichen Leistungen noch verbleiben, besonders belastet. Hiergegen kann nicht eingewendet werden, daß - theoretisch - eine Verstaatlichung der kommunalen Schulen möglich sei. Die Verstaatlichung von kommunalen Schulen geschieht de facto seit langem nicht mehr und nach der Rechtsprechung des Bayerischen Verwaltungsgerichtshofes besteht auch bei mangelnder finanzieller Leistungsfähigkeit der Gemeinde grundsätzlich kein Anspruch auf Übernahme dieser Schulen durch den Staat.[274]

Die vorgelegten Zahlen weisen in der Berechnungsart einige Unterschiede auf, die jeweils erläutert werden. Die Landeshauptstadt *München* hat bei ihrer Aufstellung im wesentlichen drei Gründe für die Unterschiede in der Kostenunterdeckung außerhalb der Pauschalen genannt:

- Kalkulatorische Kosten (Zinsen und Abschreibungen) dürfen außer im Berufsschulbereich nicht angesetzt werden.

---

273 Für eine besondere Abrechnung der Pauschale in diesen Fällen hat sich ausdrücklich bereits der Bayerische Senat ausgesprochen, vgl. Senatsdrucksache 149/92 vom 03.06.1992, S. 5 f.

274 BayVGH, Urteil vom 06.08.1984 = BayVBl. 1985, 146 = SPE N.F.3, 694 Nr. 17 (Schulaufsicht).

- Bei den kommunalen Schulen sind die ungedeckten Lehrpersonalkosten nicht ansetzbar.

- Mieten und Pachten können nicht voll angesetzt werden, sondern nur, soweit es sich um Betriebskosten handelt.

Dies vorausgeschickt errechnet sich bei der Landeshauptstadt München - je nach Schulart verschieden - ein sogenannter Deckungsgrad zwischen 8,90 % bei einer pauschalierten Wirtschaftsschule und ein maximaler Deckungsgrad von 54,61 % bei einer Technikerabendschule, und 91,83 % bei den Sonderschulen.[275] Bei Gymnasien, Realschulen und Kollegs errechnet die Landeshauptstadt München einen Deckungsgrad von 19,66 %, was bei einer Anzahl der Gastschüler im Schuljahr 1987/88 von 5.513 Schülern zu einem jährlichen "Einnahmeausfall" in Höhe von nahezu DM 17.000.000,-- führt. Insgesamt wird der jährliche Einnahmeausfall der Stadt mit DM 34.701.340,-- beziffert.

Die Stadt *Augsburg* kommt unter Zugrundelegung "tatsächlicher Kosten" für die Gastschüler zu einem Deckungsgrad zwischen 10,81 % (für eine Wirtschaftsschule) und 66,15 % (im Volksschulbereich), während bei den nicht pauschalierten Gastschülerbeiträgen ein Deckungsgrad von 61,05 % im Durchschnitt erreicht wurde. Die relativ günstige Struktur ergibt sich wohl daraus, daß in Augsburg 5.432 Gastschüler an Berufsschulen zum Stichtag vorhanden waren, lediglich aber 3.206 Gastschüler an den übrigen Schulen und 239 Gastschüler an Volksschulen.

Die Stadt *Erlangen* hat anhand des Rechnungsergebnisses 1990 die Gastschülerbeiträge errechnet. Unter Zugrundelegung eines Pauschalbetrages in Höhe von 750,00 DM/Schüler, jedoch ohne Berücksichtigung von kalkulatorischen Kosten, betrug 1990 der Kostendeckungsgrad:

- beim kommunalen Gymnasium   10,55 %

- bei 5 staatlichen Gymnasien   82,65 %

- bei der kommunalen Wirtschaftsschule   19,78 %

- bei 2 staatlichen Realschulen durchschnittlich   53,03 %

Die Stadt *Ingolstadt* hat ihren Einnahmeausfall infolge zu niedriger Erstattungspauschalen beim Schulaufwand und Nichtansatz von kalkulatorischen Kosten auf rund 2,3 Millionen DM jährlich errechnet. Mit Einrechnung der

---

275 Bei den Sonderschulen liegt eine vertragliche Pauschalvereinbarung gem. § 7 Abs. 3 Satz 5 AVBaySchFG vor.

ungedeckten Lehrpersonalkosten bei den städtischen beruflichen Schulen erhöht sich dieser Einnahmeausfall auf rund 2,8 Millionen DM. Für staatliche
Realschulen und Gymnasien wurde ein Kostendeckungsgrad von etwa 69 %
ermittelt, der allerdings mit der Einrechnung kalkulatorischer Kosten auf
rund 44 % absinkt. Bei Gymnasien und Realschulen etwa wird der tatsächliche Aufwand je Schüler (laufender Schulaufwand) mit DM 1.150,-- beziffert,
die kalkulatorischen Kosten mit ca. DM 670,--.

Wie das Beispiel der Stadt Ingolstadt zeigt, schwanken die kalkulatorischen Kosten stark. Sie werden für die städtische Berufsaufbauschule mit
knapp DM 1.700,-- jährlich angegeben, während sie für Technikerschulen,
Berufsoberschulen und Berufsfachschulen bei lediglich etwa DM 300,-- jährlich liegen sollen.

Die Stadt *Regensburg* hat die aufgrund der Bestimmungen der AV-
BaySchFG (Anlage 1) fiktiv errechneten Gastschülerbeiträge bei Volksschulen auf DM 1.219,51, bei Realschulen auf DM 1.350,04 und bei Gymnasien
auf DM 1.540,29 errechnet. Hierbei sind Investitionen, kalkulatorische Kosten und ungedeckte Lehrpersonalkosten (insbesondere bei den kommunalen
Gymnasien) nicht einbezogen. Bei den kommunalen Gymnasien ergibt sich
bei Einrechnung auch der ungedeckten Lehrpersonalkosten und der kalkulatorischen Kosten eine Abdeckung in Höhe von lediglich 22 % der tatsächlichen
Kosten. Um hier eine weitere anschauliche Zahl zu nennen: Von insgesamt
4.021 Gymnasiasten kommen 2.490 Schüler aus dem Stadtgebiet Regensburg,
1.531 Schüler aus dem Umland, das sind 38 %. Der jährliche Einnahmeausfall, gemessen an den tatsächlichen Gesamtkosten belaufe sich auf
DM 6.483.030,17.

Die Zahlen aus der Stadt *Würzburg*, die einen extrem hohen Anteil an
Gastschülern zu verzeichnen hat, sind relativ uneinheitlich. Wird der ungedeckte Lehrpersonalaufwand in die Berechnungen miteinbezogen, ergeben
sich vergleichbar schlechte Zahlen wie bei den anderen Städten; bei einem
Abstellen auf den (nach der Anlage 1 ermittelten) laufenden Schulaufwand
kommt die Stadt bei einzelnen Schulen sogar zu einem "Überschuß", dies insbesondere im Gymnasialbereich. Wie bereits ausgeführt, ist bei dem Kosten-
abgleich im Gymnasialbereich jedoch nicht von einzelnen Schulen, sondern
von der Schulart insgesamt auszugehen. Bei der Berechnung der Stadt Würzburg sind ferner die Gastschülerzuschüsse von DM 100,-- pro Schüler als
Einnahmen verrechnet. Auch dies ist nach hiesiger Auffassung nicht zutref-
fend. Auf Nachfrage hat die Stadt Würzburg angegeben, daß diese aus dem
Rahmen fallenden Ergebnisse unter anderem darauf zurückzuführen sind, daß
infolge fehlender Haushaltmittel jeglicher Bauunterhalt in den vergangenen

Jahren unterblieben sei. Ferner seien notwendige Beschaffungen bezüglich Lehr- und Lernmitteln nicht durchgeführt worden.

Insgesamt zeigt sich das Bild, daß im Bereich der Gastschüler bei den angefragten elf Städten nach deren Auffassung ein Defizit von über DM 70.000.000,-- enstanden ist, wenn man die tatsächlichen Kosten berücksichtigt. Den ansatzfähigen Pauschalen von DM 750,-- bei Gymnasien und Realschulen stehen - keinesfalls vereinzelt - tatsächliche Kosten von bis zu DM 7.000,-- und mehr gegenüber. Hier stellt sich allerdings die Frage, ob dies nicht Dimensionen angenommen hat, die einem verdeckten, unzulässigen interkommunalen Finanzausgleich zu Lasten der Schulstädte (die nicht identisch mit den kreisfreien Städten zu sein brauchen) nahekommt, wobei die unzureichenden Lehrpersonalzuschüsse die Hauptrolle spielen dürften. Die Pflicht, Gastschüler aufzunehmen, die sich aus Art. 21 Abs. 3 BayEUG für alle kommunalen Schulen, die nicht Pflichtschulen sind, ergibt, darf nicht zu einer unverhältnismäßigen Belastung der Schulstädte führen.[276]

2. Berechnung des laufenden Schulaufwandes gemäß Art. 10 Abs. 2 BaySchFG, § 7 Abs. 3 in Verbindung mit Anlage 1 AVBaySchFG

Einen unmittelbaren Vergleich innerhalb der geltenden Rechtslage (also ohne Einbeziehung der nach hiesiger Auffassung offenen Frage der Einbeziehung der kalkulatorischen Kosten) stellt die Stadt *Aschaffenburg* an, die für die Schularten, für die der Gastschülerbeitrag gem. § 7 Abs. 3 AVBaySchFG pauschaliert wurde, den Gastschülerbeitrag dem tatsächlich entstandenen laufenden Schulaufwand im Sinne des Art. 10 Abs. 2 Satz 1 BaySchFG für das Haushaltsjahr 1990 gegenübergestellt hat. Bei den *staatlichen* Realschulen für Knaben und Mädchen errechnet sich ein Gastschülerbeitrag in Höhe von DM 1.040,37, was bei 491 Gastschülern zu Mindereinnahmen in Höhe von über DM 140.000,-- führt. Bei den Gymnasien der Stadt ergibt sich ein unterschiedliches Bild; während bei zwei Gymnasien ein Gastschülerbeitrag errechnet wird, der deutlich über den Pauschsätzen liegt (DM 1113,60 bzw. DM 1051,63), errechnet die Stadt bei einem besonders gut besuchten Gymnasium lediglich einen umlagefähigen laufenden Schulaufwand im Haushaltsjahr 1990 von knapp DM 650,--. Wie bereits mehrfach erwähnt, ist jedoch der Deckungsgrad nach der Schulart insgesamt zu berechnen. Dies führt bei den Gymnasien insgesamt zu Mindereinnahmen in Höhe von ca. DM 228.000,--.

---

276 Für den vergleichbaren Fall des § 46 Abs. 3 Satz 3 nieders. SchG vgl. OVG Lüneburg, Urteil v. 02.10.1980 = SPE NF 3 Nr. 10 zu 750 (Schulsprengel). Ein Eingriff in das Selbstverwaltungsrecht kommt (nur) in Betracht, wenn damit spürbare Auswirkungen auf die Schulträgerschaft verbunden sind.

Gastschülerpauschalbeiträge werden in Höhe von DM 1.063.500,-- einge-
nommen. Dies ergibt einen Deckungsgrad in Höhe von 82 % bzw. es wäre
eine Erhöhung der Pauschbeträge um ca. 22 % erforderlich. Bei den *Volksschulen* beträgt der Deckungsgrad insgesamt etwa 70 % bzw. es wäre eine
Erhöhung der Gastschülerbeiträge um über 40 % erforderlich, um den umlagefähigen laufenden Schulaufwand auszugleichen. Bei den staatlichen Realschulen ergibt sich ein Deckungsgrad von etwa 72 %; auch hier wäre eine Erhöhung der Pauschale um ca. 40 % erforderlich, um den umlagefähigen laufenden Schulaufwand, bezogen auf die Gastschüler, auszugleichen.

Die Stadt *Fürth* hat wiederum den tatsächlichen laufenden Aufwand (also
ohne kalkulatorische Kosten etc.) angesetzt und kommt hier bei den paascha-
lierten Gymnasien bzw. anderen Schulen zu einem nicht gedeckten Aufwand
je Schüler, der zwischen DM 257,-- und DM 838,-- liegt. Bei Pauschalen in
Höhe von DM 750,-- bedeutet dies einen Deckungsgrad von maximal 75 %
herab bis zu nur 47 %.

Vergleicht man bei der Stadt *Ingolstadt* ebenfalls lediglich den tatsächlichen laufenden Schulaufwand mit den gezahlten, pauschalierten Gastschulbei-
trägen, so ergibt sich bei Realschulen und Gymnasien ein Deckungsgrad von
etwa 64 %, d.h. eine Erhöhung der Pauschalen um über 50 % wäre erforderlich, um den Schulaufwand abzudecken. Der von der Stadt ermittelte Kostendeckungsgrad von 69,31 % ist errechnet unter Einbeziehung des Gastschülerzuschusses, der nach hiesiger Auffassung nicht in die Rechnung einzubeziehen ist.

Die Stadt *Nürnberg* hat bei ihrem Vergleich eine Einnahmedifferenz von
DM 912.440,-- ermittelt. Die Differenz zwischen Gastschülerbeitrag-
Pauschale und dem gemäß Anlage 1 AVBaySchFG errechneten "möglichen"
Gastschülerbeitrag beträgt im günstigsten Fall in absoluten Zahlen DM
239,45 (Wirtschaftsschule), im ungünstigsten Fall DM 1.340,77 (Gesamt-
schule). Dies bedeutet in Prozenten gerechnet für die Wirtschaftsschule einen
Deckungsgrad von 76 %, für die Gesamtschule einen Deckungsgrad von nur
36 %.

Bei der Stadt *Regensburg* sind die Zahlen bereits vorne mitgeteilt worden.
Der Deckungsgrad beträgt bei einer strikt an der AVBaySchFG (Anlage 1)
orientierten Berechnung des laufenden Schulaufwandes bei Volksschulen etwa
61,5 %, bei Realschulen 55,6 %, bei Gymnasien etwa 49 %, also weniger als
die Hälfte.

3. Bewertung der Differenzen

Die Zahlenangaben der obigen Städte sind im großen und ganzen wohl als repräsentativ anzusehen. Infolge der teilweisen Einbeziehung der kalkulatorischen Kosten und der nicht gedeckten Personalkosten ergibt sich nicht immer eine unmittelbar aussagekräftige Zahl für die hier durch das Gutachten zu entscheidende Rechtsfrage. Sieht man sich jedoch die unter 2. mitgeteilten Zahlen dieser Schulstädte an, so wird man davon ausgehen können, daß die pauschalierten Gastschülerbeiträge je nach Schulart im Durchschnitt der Schularten allenfalls 70 % des laufenden Schulaufwandes abdecken; teilweise sind es auch unter 50 %. Im Falle einer gerichtlichen Auseinandersetzung wären die Zahlen im einzelnen darzulegen. Ausschlaggebend dürfte dann der Durchschnitt der vorgelegten Zahlen der Schulstädte jeweils für die einzelnen Schularten sein, allerdings *gewichtet* nach der Zahl der Gastschüler in den einzelnen Schulstädten. Inwiefern hier eine genauere, mathematische Berechnungsweise anzustellen ist, bleibt zunächst offen: als Arbeitshypothese wird im folgenden davon ausgegangen, daß der Deckungsgrad bei den jeweiligen Pauschalen nicht mehr als 70 bis 75 % beträgt, mit anderen Worten, daß eine Anhebung der Gastschülerpauschalen um ca. 40 % erfolgen müßte, um den laufenden Schulaufwand abzudecken.

4. Nachtrag: Das Gutachten des Bayerischen Kommunalen Prüfungsverbandes München

Wie einleitend (unter I.) mitgeteilt, hat der Bayerische Kommunale Prüfungsverband München Ende August 1992 ein Gutachten zur Berechnung der Gastschülerbeiträge für Volksschulen, Realschulen, Gymnasien und Wirtschaftsschulen erstellt. Hierbei hat er sich an dem "laufenden Schulaufwand" als Grundlage der Gastschülerbeitragspauschalen und damit nicht am gesamten Schulaufwand nach Art. 3 BaySchFG orientiert, sondern an der geltenden Regelung nach Nr. 2 der Anlage 1 AVBaySchFG. Diese Berechnungsgrundlagen und ihre Angemessenheit wurden also nicht in Frage gestellt. Die Erhebung des laufenden Schulaufwandes bezieht sich auf das Jahr 1990.

Unter diesen Prämissen kam das Gutachten zum Ergebnis, daß die vom Bayerischen Staatsministerium für Unterricht, Kultus, Wissenschaft und Kunst auf der Grundlage statistischer Ergebnisse des Jahres 1984 festgesetzten Gastschülerbeitragspauschalen schon beim Inkrafttreten des BaySchFG am 01.01.1987 unter dem durchschnittlichen Aufwand je Schüler lagen. Außerdem berücksichtigte der für Volksschulen, Realschulen, Gymnasien und Wirtschaftsschulen festgesetzte einheitliche Beitragssatz von 750,00 DM je Schüler die unterschiedliche Kostensituation dieser Schulen nicht.[277] Die

Auswertung der Daten für das Haushaltsjahr 1990 führte bei den einzelnen Schularten zu folgendem durchschnittlichen Schulaufwand je Schüler:

Schulart	Aufwand/Betrag je Schüler	Streuung in DM
Volksschulen	1.296,00 DM	607,00 - 2.482,00
Realschulen	1.361,00 DM	746,00 - 2.625,00
Gymnasien	1.097,00 DM	556,00 - 2.245,00
Wirtschaftsschulen	1.227,00 DM	705,00 - 2.382,00

Damit ist die unter 3. von mir angenommene Arbeitshypothese bestätigt worden.

Die sehr großen Streuungsbreiten haben den kommunalen Prüfungsverband dazu veranlaßt, bezüglich der Realschulen, Gymnasien und Wirtschaftsschulen die Empfehlung zur Spitzabrechnung abzugeben.[278]

Für das Haushaltsjahr 1993 wurde folgender gerundete "laufende Aufwand" je Schüler angenommen:

Volksschulen	1.350,00 DM
Realschulen	1.450,00 DM
Gymnasien	1.100,00 DM
Wirtschaftsschulen	1.400,00 DM

Es wird ferner bei einer Pauschalierung, die grundsätzlich nicht befürwortet wird, eine Überprüfung und Neufestsetzung aufgrund tatsächlicher Ergebnisse wegen der ungenauen Schätzgrundlagen alle 2 bis 3 Jahre empfohlen.

---

277 Gutachten des Bayerischen Kommunalen Prüfungsverbandes, Blatt 50
278 Gutachten aaO. Blatt 51

VII. Ergebnis des Gutachtens (materielle Rechtslage): Rechtswidrigkeit der derzeitigen Gastschülerpauschalen

Inhalt und Zweck der Pauschalierungsermächtigung des Art. 53 Abs. 1 Nr. 1 BaySchFG sind oben im wesentlichen bereits dargelegt worden. Die Rechtsprechung und die Lehre haben sich mit derartigen Normen vor allen Dingen im Steuerrecht befaßt; dort sind Pauschalierungsregelungen unter dem Oberbegriff "Vereinfachungszwecknormen" bekannt. Diese sollen aus technisch-ökonomischen Gründen die (Steuer-) Rechtsanwendung erleichtern; sie sollen Überkompliziertheit und Undurchführbarkeit des Gesetzes vermeiden.[279] Diese Normen sind insbesondere im Zuge von "Massengeschäften" entwickelt worden und sind letztlich Ausdruck eines Praktikabilitätsprinzipes. Für das Steuerrecht hat das BVerfG die Grundsätze entwickelt, daß für solche Normen ein Bedürfnis entstehen muß; sie müssen zur Vereinfachung geeignet sein und dürfen die Gleichmäßigkeit nicht unverhältnismäßig verletzen. Gewisse ungleiche Auswirkungen sind hinzunehmen.[280]

Diese schematisierten Normen müssen auf eine Durchschnittsnormalität hin konzipiert sein;[281] dies gilt ganz besonders im Bereich der Pauschalierung. Wie bereits angeführt, hat das BVerfG in seiner Entscheidung zu § 17 TabakStG den Begriff des Pauschsatzes als feststehend behandelt, und zwar insbesondere dahingehend, daß er bereits auf eine Orientierung auf den Durchschnitt der verschiedenen Einzelsätze hinweise.[282] Allein aus der Verwendung des Begriffes "Pauschsatz" (zur Verwaltungsvereinfachung) ergebe sich eine hinreichend bestimmte Obergrenze, die nicht ausdrücklich angegeben sein müsse (weil sie eben dem Pauschsatz-Begriff immanent sei).[283] "Abweichungen von diesem Durchschnitt sind daher nur in einem relativ geringfügigen, im Rahmen der Vereinfachung liegenden Ausmaß vom möglichen Ergebnis der Tarifberechnung nach Einzelsätzen möglich".[284] Diese Entscheidung betrifft explizit das Abgabenrecht. Das Recht des Finanzausgleiches und das Abgabenrecht sind nicht ohne weiteres miteinander vergleichbar. Es geht im vorliegenden Fall aber auch nicht um die Übernahme be-

---

279 *Tipke/Lang*, Steuerrecht, 13. Auflage 1991, S. 21.

280 Vgl. BVerfGE 13, 331, 341; 21, 12, 27; 63, 119, 128; 65, 325, 354; 71, 146, 157; 75, 108, 162.

281 *Tipke/Lang*, Steuerrecht a.a.O., S. 52.

282 BVerfGE 35, 179, 184.

283 Die Vorlage des Finanzgerichts Düsseldorf, welches meinte, es fehle diese Obergrenze, wurde deshalb vom BVerfG als offensichtlich unbegründet verworfen, BVerfGE 35, 179, 182.

284 BVerfGE 35, 179, 184.

stimmter verfassungsrechtlicher Maßstäbe aus dem Abgabenrecht oder - vergleichbar hierzu - um die Übernahme von im Gebührenrecht entwickelter Prinzipien, wie Äquivalenzprinzip oder Kostendeckungsprinzip.[285] Die Rechtsprechung des BVerfG und die wiedergegebenen Literaturmeinungen dienen lediglich dazu, den Begriff einer Ermächtigung zur Festsetzung von *Geldpauschalen* und dies zum sich eindeutig gegebenen Zweck der *Verwaltungsvereinfachung* näher zu beschreiben. Hier ist kein Grund ersichtlich, weshalb hier nicht eine vorsichtige Parallele gezogen werden kann.

In seinen Entscheidungen hat das BVerfG eine noch hinzunehmende Typisierung bei Massenerscheinungen nur insoweit zugelassen, als die durch sie eintretenden Härten oder Ungerechtigkeiten aa) nur eine verhältnismäßig kleine Zahl von Personen betreffen und daß bb) der Verstoß gegen den Gleichheitssatz nicht sehr intensiv sei.[286] Die Parallele zur Schulfinanzierung kann darin gesehen werden, daß nicht nur eine verhältnismäßig kleine Zahl von Schulstädten und diese auch in einem gewissen Ausmaß negativ betroffen sein müssen. Einerseits handelt es sich bei dem Ausgleich der Gastschülerkosten nicht um eine vergleichbare Massenerscheinung, wie sie regelmäßig im Steuerrecht auftritt; andererseits mag man den Kommunen als öffentlich-rechtlichen Körperschaften von der Tendenz her mehr Ungleichheit zumuten. Das BVerfG hat aber Unerheblichkeit und die Betroffenheit nur einer kleinen Zahl in seinen Entscheidungen nur sehr selten angenommen, etwa nicht bei 18 aus einer Gesamtzahl von 20.000 Zugangsrenten ermittelten Fällen, bei denen nur in zwei Fällen die ermittelten Rentenminderungen mit monatlich DM 39,30 und DM 48,10 zu einer namhaften Einbuße geführt hatten.[287] Gewisse Formulierungen des BVerfG deuten sogar darauf hin, daß eine Art Beweislastumkehr eintritt, dies jedenfalls bei einer *benachteiligenden* Typisierung. Bei einer benachteiligenden Typisierung, wie sie hier - im Ergebnis - vorliegt, ist die Gestaltungsfreiheit des Gesetzgebers ohnehin geringer.[288]

Legt man die oben gewonnenen Deckungsgrade bei den pauschalierten Gastschülerbeiträgen zu Grunde, kann bei einer Deckung von 70 bis 75 % keinesfalls von einer nur geringfügigen Abweichung die Rede sein, zumal dann, wenn - wie es scheint - eine Vielzahl von Gemeinden hiervon betroffen ist. Eine solche Unterdeckung liegt unter keinen Umständen im Rahmen der durch die Verwaltungsvereinfachung hinzunehmenden Spannbreite. Erwägun-

---

285 Vgl. hierzu *Dieter Wilke*, Gebührenrecht und Grundgesetz, 1973, S. 244 ff., 271 ff.

286 BVerfGE 63, 119, 128 unter Bezugnahme auf BVerfGE 26, 265, 275 f.

287 BVerfGE 63, 119, 130 f.; der Kläger des Ausgangsverfahrens mit einem monatlichen Rentenverlust von DM 140,— schien dem BVerfG insoweit sogar ein Einzelfall zu sein.

288 BVerfGE 65, 325, 356 - Zweitwohnungssteuer; BVerfGE 19, 101, 116 -.

gen des Gesetzgebers, daß er hier ausnahmsweise dem Verordnungsgeber einen besonders großen Spielraum einräumen wollte, sind nicht festgestellt
worden. Eher ist das Gegenteil der Fall, da eine genaue Durchschnittszahl der
früheren, unpauschalierten Abrechnungen gebildet wurde. Mehrere Hinweise
in den Beratungen zum BaySchFG deuten ferner darauf hin, daß eine enge
Anlehnung an den laufenden Schulaufwand auch bei den Pauschalbeträgen in-
tendiert war. Die Höhe der in § 7 Abs. 3 Satz 2 Nr. 1 und 2 AVBaySchFG
festgesetzten Pauschalen entspricht daher nicht (mehr) der gesetzlichen Ermächtigungsgrundlage des Art. 53 Abs. 1 Satz 2 Nr. 1 BaySchFG. Falls dies
durch repräsentatives Zahlenmaterial belegt werden könnte, kommt auch in
Frage, daß die Pauschalen in ihrer Höhe der gesetzlichen Grundlage von An-
fang an nicht entsprochen haben.[289]

---

289 Dies ist jetzt Ergebnis des Gutachtens des Bayerischen Kommunalen Prüfungsverbandes,
    Blatt 9.

2. Teil
Die Änderungen des Bayerischen Schulfinanzierungsgesetzes vom 28.12.1992

I. Die Änderungsvorschläge

Nachdem zunächst Abgeordnete der F.D.P. Fraktion[290] und der SPD[291] Vorstöße in die Richtung unternommen hatten, bei der Berechnung der Gastschülerbeiträge den tatsächlichen Schulaufwand zur Berechnungsgrundlage zu machen, beschloß der Ausschuß für kulturpolitische Fragen des Bayerischen Landtags am 08.07.1992 den Änderungsantrag der Abgeordneten Glück, Michl u.a. und Fraktion CSU zur Änderung des BaySchFG.[292] Danach sollten in Art. 10 Abs. 2 Satz 1 BaySchFG nach den Worten "der entstandene laufende Schulaufwand" die Worte "einschließlich der kalkulatorischen Kosten und der durch staatliche Zuschüsse nicht gedeckten Personalkosten" eingefügt werden.

In Art. 53 Satz 2 Nr. 1 BaySchFG sollte der letzte Halbsatz ersatzlos gestrichen werden. Weitere redaktionelle Anpassungen hätten in Art. 19 Abs. 1 Satz 2 BaySchFG und in der AV BaySchFG erfolgen müssen. In der Konsequenz wäre der Änderungsantrag darauf hinausgelaufen, daß bei den Gastschülerkosten

- die Pauschale hinfällig würde

- bei der Spitzabrechnung die nicht durch Lehrpersonalzuschüsse gedeckten Personalkosten auf die Gastschulbeiträge umgerechnet werden können

- beim Schulaufwand kalkulatorische Kosten berücksichtigt werden können.

Damit hätte diese Regelung der bisher praktizierten Regelung im Berufsschulbereich entsprochen, so wie dies die Anlage 1 zur AVSchFG vorsieht.

---

290 Vgl. LT-Drs. 12/2038 vom 11.06.1991, Drs. 12/5748 vom 25.03.1992

291 LT-Drs. 12/4203 vom 05.12.1991 und Drs. 12/4251 vom 05.12.1991

292 LT-Drs. 12/7228 vom 08.07.1992

Die rechtspolitische Bewertung dieses Änderungsvorschlages erbringt folgendes:

1. Die Abschaffung der Pauschalberechnung

Die Einführung der Spitzabrechnung anstelle der Pauschalen ist zu begrüßen. Zwar können Pauschberechnungen *zur Verwaltungsvereinfachung* einiges beitragen; wenn sie allerdings als Kostenersatz aufgefaßt werden und keine, in bestimmten Zeitabständen ausgesprochene, *Anpassungsverpflichtung* durch den Gesetzgeber ausgesprochen wird, zeigt die Erfahrung, daß der Verordnungsgeber die erforderlichen Anpassungen nicht rechtzeitig vornimmt. Auf derartige Gefahren ist im übrigen bereits bei den Beratungen zum BaySchFG von der Abgeordneten Christa Meier (SPD) hingewiesen worden: Pauschalen wirken sich immer zu Lasten der Empfänger der Pauschalen aus, zumal dann, wenn diese Pauschalen im Nachhinein bezahlt werden.[293] Der Bayerische Senat plädierte für eine "Dynamisierung" der Pauschalen.[294] Die Konkretisierung der (fortlaufenden) Anpassungsverpflichtung *im Gesetz* ist schon keine leichte gesetzgeberische Aufgabe. Daneben muß aber betont werden, daß das Argument der Verwaltungsvereinfachung in *diesem* Zusammenhang nicht (mehr) zwingend ist:

- Die "Spitzabrechnung" der Gastschülerbeiträge im Berufsschulbereich läuft seit Jahren offenbar reibungslos.

- Die Anwendungsmöglichkeiten der Datenverarbeitung und die Anwendungsfertigkeiten des Verwaltungspersonals hierin sind seit 1986 signifikant gestiegen.

- Das Finanzvolumen der Gastschülerbeiträge ist erheblich; es handelt sich um keine Kleinbeträge, bei denen die Kosteneinsparung im Vordergrund steht, die Pauschalierungen sogar erzwingen kann.[295]

- Pauschalregelungen werden empirische Erhebungen der (Gast-)schülerzahlen und der berücksichtigungsfähigen Kosten jedenfalls in relativ engen, zeitlichen Abständen nicht entbehrlich machen.

Gerechter ist die Zugrundelegung der tatsächlichen Kosten (als Ausgangsbasis). Die ökonomischen Effekte einer Pauschalierung (Senkung der Verwaltungskosten) dürften sehr gering sein, zumal Verwaltungspersonal vorhanden

---

293 Protokoll 111. KU vom 05.03.1986, S. 36.

294 Vgl. Sen-Drs 149/92 v. 03.06.92, S. 3

295 Vgl. oben V. 1.

ist, das die entsprechenden Berechnungen und Erhebungen im Berufsschulbereich seit langem vornimmt.

2. Einbeziehung der kalkulatorischen Kosten und der nicht gedeckten Personalkosten

Damit wäre die alte Forderung der SPD-Fraktion berücksichtigt, daß in diesem Punkt berufliche und allgemeinbildende Schulen gleichgestellt werden sollten. In der Tat gibt es juristisch auch keinen fundierten Grund für diese Ungleichbehandlung mit Ausnahme der damaligen finanzpolitischen und haushaltspolitischen Argumente, die im einzelnen bei der Beratung des BaySchFG 1986 wiedergegeben worden sind.

Das Gutachten mußte offenlassen, ob nicht in der Kombination der bundesweit niedrigsten Beteiligung des Staates an den Lehrpersonalkosten kommunaler Schulen und der zumindest fragwürdigen Nichtberücksichtigung der kalkulatorischen Kosten beim laufenden Schulaufwand bereits der Zustand der Verfassungswidrigkeit eingetreten ist.

3. Verlagerung auf den interkommunalen Finanzausgleich

Die skizzierte Neuregelung, die im wesentlichen interkommunal ausgerichtet ist (lediglich über Art. 10 Abs. 4 Nr. 5 BaySchFG wird der Freistaat Bayern als Kostenschuldner bei Schülern mit gewöhnlichem Aufenthalt außerhalb Bayerns als Kostenschuldner herangezogen) ist zur allfälligen finanziellen Entlastung der Schulstädte, die Leistungen für andere erbringen, rechtspolitisch unverzichtbar. Allerdings sollte der Freistaat Bayern - ähnlich wie in anderen Bundesländern - zu einer verstärkten Beteiligung an den Personalkosten der kommunalen Schulen herangezogen werden, um seiner auch finanziellen Verantwortung aus Art. 133 Abs. 1 S. 2 BV besser gerecht zu werden. Als erster Schritt sollten die staatlichen Gastschülerzuschüsse wieder auf einen Betrag in Höhe von (mindestens) DM 250,00 pro Schüler angehoben werden, dies ohne einen Mindestanteil von Gastsschülern zur Voraussetzung staatlicher Förderung zu machen.[296]

---

296 Diese "Sperrklauseln" können im Falle der Großstädte dazu führen, daß diese selbst bei Tausenden von Gastschülern keinen Pfennig erhalten, vgl. schon die Beratungen zum alten SchFG -Beil. 2857 - in der 111. Sitzung des KA, Prot. S. 13

II. Die beschlossene Änderung

Mit dem Gesetz zur Änderung des Bayerischen Schulfinanzierungsgesetzes vom 28.12.1992[297] wurden - überraschend - folgende Änderungen beschlossen, die sich von den unter I. vorgestellten Gesetzentwürfen wesentlich unterscheiden.[298] Die Pauschalen für den laufenden Schulaufwand wurden erhöht und differenziert. Rechnerische Grundlage für die neuen Pauschalbeträge war das oben erwähnte Gutachten des kommunalen Prüfungsverbandes. Die dortigen Beträge wurden jeweils um 20 % erhöht. Sie betragen nun für Volksschulen 1.650,00 DM, für Realschulen und Abendrealschulen 1.750,00 DM, für Gymnasien (einschließlich Kollegs und Abendgymnasien) DM 1.350,00 und für Wirtschaftsschulen DM 1.700,00.

Neu eingeführt wurde für die kommunalen Schulen eine neue Pauschale als Beitrag zu den Personalkosten in § 1 Nr. 2 a des Gesetzes.[299] Diese Pauschale wurde nur für Realschulen, Gymnasien und Wirtschaftsschulen eingeführt. Hierbei wurde bei einem errechneten gerundeten Mittelwert von DM 2.400,00 (Differenz zwischen dem in Art. 17 Abs. 1 Satz 4 bzw. Art. 18 Abs. 3 BaySchFG festgelegten Prozentsatz des Personalaufwands und einem auf 100 % hochgerechneten (fiktiven) Lehrpersonalaufwand 1/3 als Zuschußbetrag angesetzt, mithin eine Pauschale von 800,00 DM je Gastschüler. Hierbei ist zu beachten, daß auch diese Gastschülerbeitragspauschale für die Personalkosten auf einen interkommunalen Ausgleich abstellt.

Neu eingeführt wurde eine gesetzliche Verpflichtung (mit entsprechender Ermächtigungsnorm) zur Fortschreibung der Pauschalen (§ 1 Nr. 1, 2 a und 3 b des Gesetzes). Die gesetzliche Neuregelung trat insgesamt am 01.01.1993 in Kraft, die neuen Pauschalen für den laufenden Schulaufwand sind erstmals am 01.07.1993 zu entrichten.

---

297 GVBl. S. 782

298 Vgl. zum folgenden *Wolfgang Kiesl*, Neuerungen im Recht der Gastschülerbeiträge, Kommunalpraxis Nr. 3/93, S. 92 ff.

299 Das Änderungsgesetz vom 28.12.1992 ist im Anhang unter Nr. 5 abgedruckt

III. Rechtspolitische Bewertung der Änderung

Der bayerische Gesetzgeber hat sich damit erneut für eine Pauschalberechnung entschieden, wenn auch mit einer gewissen Dynamisierung der Pauschalen, über deren Ausmaß letztlich der Verordnungsgeber entscheiden soll. Eine Einbeziehung der kalkulatorischen Kosten ist nicht erfolgt; die nicht gedeckten Personalkosten insbesondere bei den kommunalen Schulen sollen wiederum interkommunal aufgefangen werden. Hieran ist grundsätzliche Kritik zu üben, da der Freistaat Bayern als Bundesland und Staat zu einer verstärkten Beteiligung an den Personalkosten der kommunalen Schulen herangezogen werden sollte, wie dies in anderen Bundesländern seit langem der Fall ist. Inwiefern die Neuregelung einer verfassungsrechtlichen Überprüfung standhält, dürfte fraglich sein.

Das Ergebnis des im September 1992 vorgelegten Gutachtens bezüglich der Rechtswidrigkeit der früheren Gastschülerpauschalen ist jedenfalls bestätigt worden.

Anhang

Anhang 1

§ 6 AVBaySchFG[300]

§ 6 Träger des Schulaufwands (zu Art. 8 BaySchFG)

1. Als Schulsprengel im Sinn des Art. 8 Abs. 1 Satz 2 Nr. 2 BaySchFG gelten nur die nach Art. 8 Abs. 1 Sätze 1 und 2 des Gesetzes über das berufliche Schulwesen gebildeten Schulsprengel (Grundsprengel).

2. Die Berechnung des Kostenersatzes nach Art. 8 Abs. 3 BaySchFG richtet sich nach **Anlage 1.**[301]

§ 7 Gastschülerbeiträge, Kostenersatz, Gastschülerzuschüsse (zu Art. 10, 19, 53 Satz 2 Nr. 1 BaySchFG)

1. Als Gastschüler im Sinne des Art. 10 Abs. 1 Satz 2 Nr. 2 BaySchFG gelten auch Berufsschüler, die in Einrichtungen, insbesondere Werkstätten, des Bundes oder des Landes zentral ausgebildet werden und vor Aufnahme der Ausbildung ihren gewöhnlichen Aufenthalt nicht im Grundsprengel der für die Einrichtung zuständigen Berufsschulen hatten.

2. Gebiet des Aufwandträgers im Sinn des Art. 10 Abs. 1 Satz 2 Nr. 3 BaySchFG ist bei Gemeinden, Landkreisen und Bezirken das jeweilige Gemeinde-, Kreis- oder Bezirksgebiet, bei Zweckverbänden der in der jeweiligen Zweckverbandssatzung festgelegte räumliche Wirkungsbereich.

3. Die Berechnung der Gastschülerbeiträge und des Kostenersatzes (Art. 10 Abs. 2 und 3 Art. 19 Abs. 1 BaySchFG) richtet sich nach Anlage 1. Für folgende Schularten werden als jährliche Gastschülerbeiträge je Schüler folgende Pauschalen festgesetzt, die die Berechnung nach der Anlage ersetzen:

---

300 Verordnung zur Ausführung des Bayerischen Schulfinanzierungsgesetzes (AVBaySchFG) vom 04.05.1987 (GVBl. S. 127, BayRS 2230-7-1-1-K, zuletzt geändert durch Verordnung vom 26.07.1991 (GVBl. S. 292).

301 Siehe Anhang 2 zu diesem Gutachten

(1) Volksschulen, Realschulen, Gymnasien (einschließlich Kollegs), Wirtschaftsschulen   750 DM

(2) Abendgymnasien, Abendrealschulen   500 DM

An Volksschulen kann die Pauschale nur für Schüler erhoben werden, die
Gastschüler im Sinn von Art. 10 Abs. 2 VoSchG und Art. 10 Abs. 1 Satz 3
BaySchFG sind; wird ein Schüler nur zum Unterricht in einzelnen Unter-
richtsgruppen oder Fächern einer anderen Grundschule oder Hauptschule zugewiesen (Art. 10 Abs. 2 VoSchG), so wird als Pauschale je Unterrichtsstun-
de ein Dreißigstel des Betrags nach Satz 2 festgesetzt. Die Pauschalen sind
am 1. Juli eines jeden Haushaltsjahres fällig. Die beteiligten kommunalen
Körperschaften können eine von den Sätzen 1 bis 4 abweichende Berechnung
der Gastschülerbeiträge und des Kostenersatzes vereinbaren.

4. Für die Verteilung der staatlichen Gastschülerzuschüsse (Art. 10 Abs.
6 BaySchFG) sind die Regierungen zuständig. Die Zahl der Gastschüler (Art.
10 Abs. 1 Satz 2 Nr. 3, Art. 19 Abs. 3 BaySchFG) wird innerhalb einer
Schulsitzgemeinde getrennt nach Schularten festgestellt.

Anhang 2

Anlage 1 (zu § 6 Abs. 2 und § 7 Abs. 2 S.1 AVBaySchFG)

Schulaufwand

(zu Art. 8 Abs. 3 Art. 10 Abs. 2 und 3, Art. 19 Abs. 1 BaySchFG)

1. Der laufende Schulaufwand im Sinn des Art. 10 Abs. 2 Satz 1 BaySchFG umfaßt die tatsächlichen regelmäßig wiederkehrenden Aufwendungen für den Betrieb der Schule nach Nr. 2.

1.1 Nicht zum laufenden Aufwand gehören

1.1.1 die Ausgaben im Vermögenshaushalt für

Investitionen (unbeschadet Nr. 2.19),

1.1.2 Mieten und Pachten (unbeschadet Nr. 2.11),

1.1.3 kalkulatorische Kosten[302] und Schuldendienstleistungen.

1.2 Nicht zu den umlagefähigen Kosten des Betriebs einer beruflichen Schule zählen die Kosten für Unterkunft, Betreuung und Verpflegung in Schülerheimen. Zu den Kosten der Unterkunft zählen nicht die Aufwendungen für die Errichtung und Unterhaltung des Gebäudes sowie der Ausstattung der Räume (Bereithaltungskosten).[303]

1.3 [304]Bei der Berechnung des laufenden Schulaufwandes an Fachoberschulen wird ein Schüler im Vollzeitunterricht zwei Schülern in der Teilzeitform und fünf Schülern in Vorklassen gleichgesetzt.

2. In die Berechnung des laufenden Schulaufwands nach Nr. 1 können die nachstehend genannten Einnahme- und Ausgabearten des Haushalts des kommunalen Aufwandsträgers eingehen, soweit nicht der Staat kraft Gesetzes diese Kosten trägt (die Zahlen in Klammern entsprechen dem Gruppierungsplan für die Haushalte der Gemeinden und Gemeindeverbände - KommGrPl). Sie sind für die jeweilige Schulart (unbeschadet Nr. 2.19) aus den Haushaltsabschnitten 20 (nur Unterabschnitt 200, Allgemeine Schulverwaltung), 21 bis 28 sowie aus Unterabschnitt 292 (nur von Bildstellen für Schulen beschaffte Lehrmittel) des Verwaltungshaushalts zu ermitteln, wobei die Aufwendungen für Unterabschnitt 200, Allgemeine Schulverwaltung, mit einem Pauschalbe-

---

302 Siehe hierzu Anhang 3 und 4

303 Satz 2 angefügt durch VO vom 26.07.1991, BayGVBl. S. 292

304 Nr. 1.3 gestrichen durch VO vom 26.07.1991

trag in Höhe von 10 v.H. des laufenden Schulaufwands zu berücksichtigen sind[305]:

2.1 Aufwendungen für ehrenamtliche Tätigkeit (Gruppe 40)

2.2 Dienstbezüge und Vergütungen (Gruppe 41) für Fälle der Nr. 2.2

2.3 Versorgungsbezüge und dergleichen (Gruppe 42) für Fälle der Nr. 2.2

2.4 Beiträge zu Versorgungskassen (Gruppe 43) für Fälle der Nr. 2.2

2.5 Beiträge zur gesetzlichen Sozialversicherung (Gruppe 44) für Fälle der Nr. 2.2

2.6 Beihilfen, Unterstützungen und dergleichen (Gruppe 45) für Fälle der Nr. 2.2

2.7 Personalnebenausgaben (Gruppe 46) für Fälle der Nr. 2.2

2.8 Unterhaltung der Grundstücke und baulichen Anlagen (Gruppe 50)

2.9 Unterhaltung des sonstigen unbeweglichen Vermögens (Gruppe 51)

2.10 Geräte, Ausstattungs- und Ausrüstungsgegenstände, sonstige Gebrauchsgegenstände (Gruppe 52) Kosten für Betrieb, Wartung, Reparatur und Ersatzbeschaffung; Neubeschaffungen bis 800,00 DM je Einzelfall

2.11 Mieten und Pachten (Gruppe 53) soweit diese für geeignete, ansonsten nicht mehr ausgenutzte Schulgebäude gezahlt werden

2.12 Bewirtschaftung der Grundstücke, bauliche Anlagen, Haltung von Fahrzeugen (Kosten für Unterrichtswege, nicht aber für die Schülerbeförderung) usw. (Gruppe 54 und 55)

2.13 Besondere Aufwendungen für Bedienstete Gruppe (56) z.B. Beschaffung, Instandhaltung und Reinigung von Schutz- und Arbeitskleidung (siehe z.B. Art. 10 BayBesG)

2.14 Weitere Verwaltungs- und Betriebsausgaben (Gruppe 57 bis 63). Hierzu gehören für Lehrmittel und Lernmittel, Schulveranstaltungen, Auslagen für stundenplanmäßigen Unterricht (Eintrittsgelder usw.), die Kosten für Unterrichtswege, nicht aber die Kosten der Schülerbeförderung.

2.15 Steuern, Versicherungen, Schadensfälle (Gruppe 64) (soweit nicht bei Nr. 2.12 enthalten).

---

305 Letzter Halbsatz eingefügt durch VO vom 26.07.1991

Die Umlagen auf Grund des Gesetzes über Unfallversicherung für Schüler und Studenten sowie Kinder in Kindergärten vom 18.03.1971 (BGBI I S. 237) in der jeweiligen Fassung sind nicht umlagefähig.

2.16 Geschäftsausgaben (Gruppe 65)

Hierzu gehören z.B. Bürobedarf, Post- und Fernmeldegebühren, Zeitungen, Zeitschriften und Bücher. Reisekosten gehören nur insoweit dazu, als nicht der Staat den Personalaufwand und insoweit auch die für dieses Personal anfallenden Reisekosten trägt.

2.17 Weitere allgemeine sächliche Ausgaben (Gruppe 66) z.B. Verfügungsmittel bei Schulverbänden; Mitgliedsbeiträge sind nicht umlagefähig.

2.18 Erstattungen von Ausgaben des Verwaltungshaushalts (Gruppe 67)

Hierzu gehören nicht Gastschülerbeiträge, die die kommunale Körperschaft zu leisten hat, und die Erstattung von Verwaltungskosten, die beim Haushaltsabschnitt 20 nachgewiesen sind.[306]

2.19 Erwerb von beweglichen Sachen des Anlagevermögens (UGr 935). Anzusetzen sind nur Lehrmittel, die nicht im Zusammenhang mit der Errichtung der Schulanlage beschafft werden.

2.20 Von den Ausgaben sind folgende Einnahmen, soweit sie mit dem laufenden Schulaufwand in unmittelbarem Zusammenhang stehen, abzusetzen:

2.20.1 Verwaltungsgebühren (Gruppe 10)

2.20.2 Benutzungsgebühren und ähnliche Entgelte (Gruppe 11)

2.20.3 Einnahmen aus Verkauf (Gruppe 13)

2.20.4 Mieten und Pachten (nur, soweit auch als Aufwendung nach Nr. 2.11 und nach Nr. 3 zu berücksichtigen) (Gruppe 14)

2.20.5 Sonstige Verwaltungs- und Betriebseinnahmen (ohne Ersatzleistungen vom Bayerischen Versorgungsverband für die Lehrer, für das pädagogische Hilfspersonal und für das Verwaltungspersonal (Gruppe 15)

2.20.6 Erstattungen von Ausgaben des Verwaltungshaushalts (Gruppe 16) (Nicht anzusetzen sind Einnahmen aus Umlagen und Kostenersatz auf der Grundlage des laufenden Aufwands nach Nr. 1)

---

306 Nr. 2.18 Satz 2 in der Fassung i.d.F. der VO vom 26.07.1991

2.20.7 Zuweisungen und Zuschüsse für laufende Zwecke (Gruppe 17)

2.20.8 Weitere Finanzeinnahmen (ohne Untergruppe 260)

2.21 Sind in den Kosten nach Nr. 2.1 bis 2.20 Kosten für andere Schulen enthalten, so sind die Kosten anteilig zu ermitteln.

3. Zu den durch den Betrieb der Schule entstehenden und anderweitig nicht gedeckten Kosten nach Art. 8 Abs. 3, Art. 10 Abs. 3 BaySchFG gehören neben dem umlagefähigen Ausgaben nach Nr. 2.1 bis 2.18 folgende weitere Aufwendungen:

3.1 Mieten und Pachten (Gruppe 53)

3.2 Kalkulatorische Kosten (Gruppe 68)

Die kalkulatorischen Kosten (Abschreibung und Verzinsung des Anlagekapitals) werden in sinngemäßer Anwendung der kommunalhaushaltsrechtlichen Vorschriften (§ 12 KommHV und VV zu § 12 KommHV) ermittelt. Dabei sind anzusetzen:

3.2.1 Abschreibung

3.2.1.1 vom unbeweglichen Vermögen (ohne Grundstück) 1,5 v.H.

3.2.1.2 vom beweglichen Vermögen 6 v.H. der Anschaffungs- oder Herstellungskosten der Anlagegegenstände. Zugrundezulegen sind die um Zuweisungen verminderten Anschaffungs- oder Herstellungskosten.

3.2.2 Verzinsung des Anlagekapitals 6 v.H. des nicht durch Zuweisungen, Zuschüsse und ähnliche Entgelte aufgebrachten Kapitals. Schuldendiensthilfen sind jeweils zu kapitalisieren. Bei abzuschreibenden Anlagegegenständen sind die kalkulatorischen Zinsen zur Vereinfachung entweder mit diesem Zinssatz auf der Hälfte des zu verzinsenden Kapitals oder auf dem gesamtverzinslichen Kapital mit dem halben Zinssatz von 3 v.H. zu berechnen. Grundstücke bleiben bei der Verzinsung des Anlagekapitals außer Betracht.

3.2.3 [307]

4. [308]Bei der Ermittlung der auf eine Schule oder auf einen Schüler entfallenden Kosten sind zu berücksichtigen:

4.1 Zum laufenden Personalaufwand, der bei der Berechnung des Kostenersatzes für Gastschüler an kommunalen Berufsschulen neben den Aufwen-

---

307 Nr. 3.2.3 gestrichen durch VO vom 26.07.1991

308 Nr. 4 in der Fassung der Verordnung zur Änderung der Verordnung zur Ausführung des Bayerischen Schulfinanzierungsgesetzes vom 26.07.1991 (GVBl. S. 292)

dungen nach Nummer 3 zu berücksichtigen ist (Art. 19 Abs. 1 Satz 2 BaySchFG), gehören die Personalausgaben für die Lehrer, für das pädagogische Hilfspersonal (Gruppen 40 bis 46). Von diesen Ausgaben sind die Einnahmen zu den Gruppen 15, 16 und 17 abzusetzen.

4.2 Bei beruflichen Schulen, die räumlich in einem Schulzentrum zusammengefaßt sind, können die auf die einzelnen Schulen entfallenden Kosten für den Sachaufwand und für das Hauspersonal nach dem Verhältnis der Schülerzahl ermittelt werden; Nummer 4.3 gilt entsprechend. Abweichend von Nummer 2 Satz 2 kann der Aufwand für Schulen der gleichen Schulart gesondert ermittelt werden, wenn die Schulen räumlich voneinander getrennt sind.

4.3 Bei der Berechnung des Kostenersatzes an Berufsschulen werden drei Schüler im Teilzeitunterricht einem Schüler im Vollzeitunterricht gleichgestellt. Bei der Berechnung des Gastschülerbeitrags an sonstigen beruflichen Schulen werden zwei Schüler im Teilzeitunterricht einem Schüler im Vollzeitunterricht gleichgestellt. Schüler, die mit weniger als wöchentlich sechs Unterrichtsstunden im Durchschnitt beschult werden, bleiben bei der Ermittlung des Schulaufwands unberücksichtigt; das gilt auch für Auszubildende, die während der Durchführung eines Praktikums (im Sinne des Art. 29 Abs. 4 BayEUG) von der Schule betreut werden.

Anhang 3

KommHV (Verordnung über das Haushalts-, Kassen- und Rechnungswesen
der Gemeinden, der Landkreise und der Bezirke -
Kommunalhaushaltsverordnung-)[309]

- Auszug -

§ 12 Kalkulatorische Kosten

(1) Für Einrichtungen, die in der Regel und überwiegend aus Entgelten finanziert werden (kostenrechnende Einrichtungen), sind im Verwaltungshaushalt auch 1. angemessene Abschreibungen, 2. eine angemessene Verzinsung des Anlagekapitals zu veranschlagen. Die Beträge sind zugleich als Einnahmen zu veranschlagen.

(2) Bei der Verzinsung des Anlagekapitals bleibt der aus Beiträgen und ähnlichen Entgelten sowie aus Zuweisungen und Zuschüssen aufgebrachte Kapitalanteil außer Betracht.

---

309 Vom 3.12.1976 (GVBl. S.499), zuletzt geändert durch VO vom 16.12.1982 (GVBl. S.1126).

Anhang 4

Verwaltungsvorschriften zur Kommunalhaushaltsverordnung (VVKommHV),
MABl Nr. 39/1976, S. 1079 (Auszug)

Zu § 12

1. Kalkulatorische Kosten sollen im Haushaltsplan deutlich machen, ob
und inwieweit die Entgelte die Kosten einer Einrichtung decken und bei wel-
chen Einrichtungen nähere Untersuchungen zur Anhebung der Einnahmen
veranlaßt sind.

2. Kostenrechnende Einrichtungen sind vor allem Einrichtungen, die
überwiegend dem Vorteil einzelner Personen oder Personengruppen dienen
(Art. 8 Abs. 1 Satz 2 KAG), gleichgültig, ob das Entgelt öffentlichrechtlich
oder privatrechtlich erhoben wird. Für die Anwendung des § 12 ist darauf abzustellen, ob die Kosten üblicherweise überwiegend aus Entgelten gedeckt
werden. Danach sind z.B. Einrichtungen der Abwasserbeseitigung und des
Bestattungswesens sowie Versorgungsunternehmen, soweit sie nicht als Ei-
genbetriebe geführt werden, kostenrechnende Einrichtungen.

3. Wenn es in Einzelfällen für zweckmäßig erachtet wird, können auch
für andere Einrichtungen (z.B. Theater, Sportstätten), für Mietwohngrund-
stücke und für Hilfsbetriebe der Verwaltung kalkulatorische Kosten veran-
schlagt werden. Unberührt von der haushaltsrechtlichen Darstellung bleibt
die Berechnung von kalkulatorischen Kosten, wenn und soweit diese aufgrund besonderer Regelungen in Abrechnungen mit Dritten einzubeziehen
sind.

4. Die Abschreibungen sind aus den Anschaffungs- oder Herstellungskosten nach der mutmaßlichen Leistungsdauer oder Leistungsmenge in der Regel gleichmäßig zu ermitteln (lineare Abschreibung). Das Berechnen von Abschreibungen für Teile des Anlagevermögens, die mit Beiträgen finanziert
sind, ist nicht vertretbar.[310]

5. Zu den Anschaffungs- und Herstellungskosten (§ 87 Nr. 2) gehören
die damit verbundene Umsatzsteuer, soweit sie nicht nach § 15 des Umsatz-
steuergesetz als Vorsteuer abgezogen werden kann, und die Umsatzsteuer für
den Selbstverbrauch nach § 30 des Umsatzsteuergesetzes.

6. Der Zinssatz für die Verzinsung des Anlagekapitals (§ 87 Nr. 2) sollte
zwischen den marktüblichen Sollzinsen für entsprechende Finanzierungen und
den Habenzinsen für Geldanlagen liegen.

---

310 Nr. 4 in der Fassung der Bekanntmachung vom 07.09.1983 MABl. Nr. 23/1983, S. 771

Anhang 5

Gesetz zur Änderung des Bayerischen Schulfinanzierungsgesetzes vom
28.12.1992[311]-Auszug-

§ 1

Das Bayerische Schulfinanzierungsgesetz (BaySchFG) vom 24.07.1986
(GVBl. S. 169, BayRS 2230-7-1-K), zuletzt geändert durch das Gesetz vom
24.08.1990 (GVBl. S. 339), wird wie folgt geändert:

1. In Art. 10 wird folgender Absatz 2 a eingefügt:

"(2 a) Anstelle des nach Absatz 2 zu errechnenden Gastschülerbeitrags
kann eine jährliche Gastschülerbeitragspauschale je Schüler verlangt werden.
Sie beträgt bei

Volksschulen	1.650 DM
Realschulen, Abendrealschulen	1.750 DM
Gymnasien (einschl. Kollegs)	1.350 DM
Abendgymnasien	1.350 DM
Wirtschaftsschulen	1.700 DM

Die Pauschalen sind in Abständen von zwei Jahren anhand der Orientie-
rungsdaten für die kommunale Finanzplanung und der Entwicklung der Schülerzahlen nach der Schüler- und Absolventenprognose der Kostenentwicklung
anzupassen."

2. Art. 19 wird wie folgt geändert:

a) Es wird folgender Absatz 1 a eingefügt:

"(1 a). Für Gastschüler an kommunalen Realschulen, Abendrealschulen,
Gymnasien (einschl. Kollegs), Abendgymnasien und Wirtschaftsschulen kann
zusätzlich zu den Pauschalen für den laufenden Schulaufwand nach Art. 10
Abs. 2 a eine jährliche Gastschülerbeitragspauschale von 800 DM verlangt
werden. Diese Pauschale ist in Abständen von zwei Jahren der Kostenentwicklung anzupassen."

b) Absatz 2 erhält folgende Fassung:

"(2) Die beteiligten kommunalen Körperschaften können eine von den
Absätzen 1 und 1 a abweichende Regelung vereinbaren."

---

311 GVBl. S. 782

3. Art. 53 Satz 2 wird wie folgt geändert:

a) Nummer 1. erhält folgende Fassung:

"(1) Die Aufwendungen die zum laufenden Schulaufwand im Sinn des Art. 10 Abs. 2 Satz 1 und zum laufenden Personalaufwand und zum Schulaufwand im Sinn des Art. 19 Abs. 1 Satz 2 gehören, sowie die Aufwendungen, die im Rahmen des Kostenersatzes nach Art. 8 Abs. 3 Satz 1, Art. 10 Abs. 3 zu berücksichtigen sind; der laufende Schulaufwand umfaßt die tatsächlichen regelmäßig wiederkehrenden Aufwendungen einschließlich Mieten und Pachten für geeignete ansonsten nicht mehr ausgenutzte Schulgebäude, soweit die Aufwendungen nicht durch Einnahmen gedeckt sind; die beteiligten kommunalen Körperschaften können Abweichendes vereinbaren."

b) Es wird folgende neue Nummer 1 a eingefügt:

"1 a. Die Fortschreibung der Pauschalen nach Art. 10 Abs. 2 a und Art. 19 Abs. 1 a;"

c) Die bisherige Nummer 1 a. wird Nummer 1 b.

§ 2

Dieses Gesetz tritt am 1. Januar 1993 in Kraft. Die Pauschale von 800 DM nach § 1 ist erstmals am 1. Juli 1993 fällig.

Literaturverzeichnis

Badura, Peter: Staatsrecht, 1986

Bayerischer Kommunaler Prüfungsverband, Gutachten zur Berechnung der Gastschülerbeiträge für Volksschulen, Realschulen, Gymnasien und Wirtschaftsschulen, München 1992, nebst einem Band Anlagen und einem Anhangsband.

Bayerisches Staatsministerium für Landesentwicklung und Umweltfragen (Hrsg.): Finanzausgleichsrelevante Probleme zwischen Stadt und Umland, München 1992.

Becker, Bernd: BayEUG, 3. Auflage 1985

Blümel, Willi: Gemeinden und Kreise vor den öffentlichen Aufgaben der Gegenwart; VVDStRL 36 (1978) S. 171 ff.

Bohley/Foohs/Greimel: Handbuch des gemeindlichen Steuerrechts Teil IV/Finanzausgleich, 1990

von Campenhausen/Lerche (Hrsg.) Deutsches Schulrecht, Sammlung des Schul- und Hochschulrechts des Bundes und der Länder, Loseblattausgabe, Stand 01.07.1991

Clemens, Theodor: Grenzen staatlicher Maßnahmen im Schulbereich, NVwZ 1984, 65 ff.

Czybulka, Detlef: Die Legitimation der öffentlichen Verwaltung, 1989

Degenhart, Christoph: Systemgerechtigkeit und Selbstbindung des Gesetzgebers als Verfassungspostulat, 1976,

- Gesetzgebung im Rechtstaat, DÖV 1981, 477 ff.

Deutscher Juristentag (Hrsg.): Schule im Rechtstaat Band I, Entwurf für ein Landesschulgesetz, 1981

- Schule im Rechtstaat, Band II, Gutachten für die Kommission Schulrecht des DJT von *Kisker/Scholz und Bismarck/Avenarius,* 1980

Dittmann, Armin: Schulträgerschaft zwischen Kreisen und Gemeinden, 1978

Esser, Ferdinand: Schulfinanzierung und Schulbau im Lande Nordrhein-Westfalen, Der Gemeindehaushalt 1977, S. 173 ff.

Falckenberg/Kellner: Schulfinanzierung in Bayern, Loseblattausgabe, Stand 1991

Frey, Dieter: Die Finanzverfassung des Grundgesetzes, in: Bundesministerium der Finanzen (Hrsg.), Die Finanzbeziehungen zwischen Bund, Ländern und Gemeinden aus finanzverfassungsrechtlicher und finanzwirtschaftlicher Sicht, Bonn 1982, S. 14 ff.

Grawert, Rolf: Gemeinden und Kreise vor den öffentlichen Aufgaben der Gegenwart; VVDStRL 36 (1978), S. 277 ff.

- Die Kommunen im Länderausgleich, 1989

Heckel/Avenarius: Schulrechtskunde, 6. Auflage 1986

Hill, Hermann (Hrsg.): Zustand und Perspektiven der Gesetzgebung, 1989

Hölzl/Hien: Kommentar zur Gemeindeordnung für den Freistaat Bayern, Loseblattausgabe

Hoppe, Werner (Hrsg.): Reform des kommunalen Finanzausgleichs, 1985

Isensee/Kirchhof: (Hrsg.), Handbuch des Staatsrechts der Bundesrepublik Deutschland, Band IV, 1990

Jakob, Wolfgang: Die Steuerhoheit der Gemeinden unter staatlicher Gesetzgebung, BayVBl. 1972, 141 ff., 176 ff.

Kiesl, Wolfgang: Neuerungen im Recht der Gastschülerbeiträge, Kommunalpraxis Nr. 3/93, S. 92 ff.

Kirchhof, Paul: Der Verfassungsauftrag zum Länderfinanzausgleich als Ergänzung fehlender und Garant vorhandener Finanzautonomie. Zur Vereinbarkeit des Finanzausgleichsgesetzes mit Art. 107 Abs. 2 GG, 1982.

Kloepfer, Michael: Staatliche Schulaufsicht und gemeindliche Schulhoheit DÖV 1971, 837 ff.

Kloepfer/Meßerschmidt: Privatschulfreiheit und Subventionsabbau, DVBl. 1983, S.93 f.

Knudsen, Holger (Hrsg.): Schulrecht SPE n.F. (Ergänzbare Sammlung schul- und prüfungsrechtlicher Entscheidungen, Loseblatt)

Kopp, Ferdinand: Verwaltungsgerichtsordnung, 8. Auflage 1991

Küffmann: Zur Finanzlage der Mittelstädte mit zentralörtlichen Aufgaben, Der Gemeindehaushalt 1972, S. 1 ff.

Lepa, Manfred: Rechtssetzung durch Rechtsverordnung, AÖR Band 105 (1980), S. 337 ff.

Lerche, Peter: Bayerisches Schulrecht und Gesetzesvorbehalt, 1981

Löhning, Bernd: Der Vorbehalt des Gesetzes im Schulverhältnis, 1974

Maunz-Dürig-Herzog: Grundgesetz, Loseblattausgabe, Stand September 1991

Meder, Theodor: Die Verfassung des Freistaates Bayern, 4. Auflage 1992

Memminger, Gerd und *Nowak, Helmut*: Verwaltungsvereinfachung im Gastschulbeitragsrecht? BayVBl. 1975, S. 470 ff.

Münstermann: Die Berücksichtigung zentralörtlicher Funktionen im kommunalen Finanzausgleich, 1975

Nawiasky/Leusser/Schweiger/Zacher: Die Verfassung des Freistaates Bayern, Kommentar, Loseblattausgabe, Stand Januar 1989

Nevermann, Knut/Richter, Ingo: Verfassung und Verwaltung der Schule, 1979

Niehus, Norbert: Der Vorbehalt des Gesetzes im Schulwesen, DVBl. 1980, S. 465 ff.

Oppermann, Thomas: Gutachten C, in: Verhandlungen der 51. DJT Bd. I, 1976, S. 48 ff.

Ossenbühl, Fritz: Verfassungsrechtliche Grundlagen des Länderfinanzausgleichs gemäß Art. 107 Abs. 2 GG, 1984

Peine, Franz-Joseph: Systemgerechtigkeit. Die Selbstbindung des Gesetzgebers als Maßstab der Normenkontrolle, 1985

Pieroth, Bodo: Von der Schwierigkeit des Reformierens im Schulrecht, in: Der Staat 1985, S. 101 ff.

Pieroth/Schuppert (Hrsg.): Die staatliche Privatschulfinanzierung vor dem Bundesverfassungsgericht, 1988

Pohmer (Hrsg.): Probleme des Finanzausgleichs Band I und Band II, 1980

Reidenbach, Michael: Stadt und Umland im Finanzausgleich, 1983

Sannwald, Rüdiger: Die Reform der Finanzverfassung, ZRP 1993, S. 103 ff.

Schmidt-Jortzig: Probleme der kommunalen Fremdverwaltung, DÖV 1981, S. 393 ff.

Schmidt-Jortzig/Makswit: Verfassungsrechtliche Vorgaben für die Finanzierung kommunaler Fremdverwaltung, JuS 1980, S. 641 ff.

Sendler, H.: Gesetzesrecht und Richterrecht im Schulwesen, DVBl. 1982, 381 ff.

Thode, Frank-Ulrich: Das kommunal-staatliche Kondominium in der Schulträgerschaft, Diss. jur., Hamburg 1982

Tipke/Lang: Steuerrecht, Ein systematischer Grundriß, 13. Auflage 1991

Vesper, E.: Der kommunale Schulträger, 1981

Vogel, Johann-Peter: Ersatzschulen im Aufbau - Genehmigung und Finanzhilfeanspruch, DÖV 1984, S. 541 ff.

Vreden, Helmut: Der Schullastenausgleich zwischen Land und Gemeinden in NW, Der Gemeindehaushalt 1975, S. 173 ff.